CONFLICTOS ENTRE SOCIOS

SALVADOR BENÍTEZ

CONFLICTOS ENTRE SOCIOS

LID

MADRID | CIUDAD DE MÉXICO | BUENOS AIRES | BOGOTÁ
LONDRES | SHANGHÁI

Colección Acción Empresarial
LID Editorial Mexicana S. A. de C. V.
Homero 109, 1404, Colonia Chapultepec Morales,
México, Ciudad de México, 11570
Tel. +52 (55) 5255-4883
mexico@lidbusinessmedia.com - LIDeditorial.com - LIDlibros.com

A member of:
BPR
businesspublishersroundtable.com

ISBN libro impreso: 978-968-9721-01-7
ISBN e-book: 978-968-9721-02-4
Editora de la colección: Claudia Herrán Monedero
Corrección de estilo y de pruebas: Valentina Gatti
Diseño de portada: Juan Ramón Batista Pérez
Maquetación de forros: Javier Perea
Diseño de interiores: produccioneditorial.com

Primera edición: septiembre de 2025

REFLEXIÓN

En una época de profundas transformaciones, he tenido la fortuna de vivir experiencias únicas e irrepetibles. Gracias a ellas aprendí a observar y conocer diversos motivos y circunstancias que determinan el sentido de la conducta humana, para bien o para mal.

Compartir el conocimiento de mi modesto universo y tiempo de existencia es un pequeño, pero sincero, legado para mis contemporáneos y, ojalá, para las futuras generaciones.

Estas reflexiones no volarán al olvido como hojas en el viento. Trascenderán gracias al preciado don de la palabra.

DEDICATORIA

A mi querida esposa Rosa María, con quien he compartido un plan de vida lleno de amor y desarrollo personal mutuo. A mis hijos Mauricio, Andrés, Diego y Regina, quienes vuelan independientes por el camino de la vida, honrando el legado de sus padres.

AGRADECIMIENTO

A Carlos Salazar Lomelín, distinguido empresario y amigo. Con él he tenido la oportunidad de compartir grandes experiencias profesionales; mi admiración y respeto por su gran labor y enfoque en nobles causas sociales.

Índice

Los conflictos
primero son
humanos;
después, legales.

Prólogo

La historia de la humanidad ha estado siempre marcada por el conflicto, el disenso y, en muchos casos, la violencia. La Biblia misma nos refiere, en el Génesis, la historia de los dos primeros hermanos que termina en pugna y violencia. Asimismo, la historia de todas las religiones nos revela cómo sus promotores originales fueron sujetos de arrebatos o los provocaron al buscar imponer visiones o interpretaciones de cómo deben comportarse las personas.

En su proceso evolutivo, los primeros seres humanos, posiblemente con propósitos de seguridad, se unen y comienzan a vivir en comunidad protegiéndose, colaborando, dividiéndose tareas y trabajos, así como complementándose entre ellos, para encontrar, al fin, mejores formas de vida.

La mayoría de las personas vive y quiere vivir en comunidad, buscando aportar sus habilidades y cualidades y, a la vez, recibir de los demás compañía, protección, fraternidad, alegría y convivencia, en la que cada individuo busca encontrar su propia realización.

Sin embargo, esta coexistencia diaria ha sido con frecuencia fuente de antagonismos, diferencias, disensos que, en muchos casos, han destruido comunidades, países y culturas.

También hay que decir que la forma más importante que ha encontrado la sociedad para progresar ha sido la asociación de sus individuos con propósitos y causas comunes. A esos comportamientos debemos los avances en todos los frentes del progreso, pasando por la cultura, la educación, la salud, la esperanza de vida, la tecnología y el bienestar en general. Como personas, necesitamos estar juntos, convivir, protegernos y prosperar en comunidad. No obstante, esta interrelación también ha provocado desavenencias y discrepancias que destruyen la sociabilidad misma y que terminan por desaparecer la amistad, la fraternidad, la colaboración y el progreso.

Desde el inicio, las sociedades, aun en su forma más arcaica, han tratado de evitar las consecuencias negativas de las discrepancias y conflictos al establecer reglas y normas que regulen la conducta social y definan los roles, alcances y límites del actuar de los miembros de una comunidad.

Para explicar por qué siempre estamos inmersos en controversias, múltiples pensadores han tratado de interpretar la naturaleza humana e imponerle límites usando muy diversos elementos. Han conseguido generar normas y regulaciones a través de leyes; han usado las religiones para adoctrinar y sustentar comportamientos morales y éticos; han hecho uso de la pedagogía para enseñar formas de actuar y, por último, con la política, han buscado equilibrar el uso del poder combatiendo la desigualdad, fomentando el bienestar de las personas y asegurando la libertad en general.

Todo esto lo han enmarcado en usos y costumbres, leyes, normas y procedimientos que han buscado regular el comportamiento de los individuos y las organizaciones sociales creadas por ellos, en todas sus distintas facetas, con la finalidad de evitar conflictos y diferencias. Pero, a pesar de todo este esfuerzo, de tantas experiencias fallidas, de tantos recursos humanos y materiales perdidos, las colisiones y diferendos siguen estando presentes en el día a día de las personas y de la sociedad en general. Pareciera que terminar en discordancias y desencuentros es una característica intrínseca del hombre y las organizaciones creadas por él. Como ya dijimos, la historia de la humanidad puede explicar por sí misma los conflictos que ha provocado.

Por esta razón, es tan refrescante y motivante encontrar un esfuerzo profesional como el que ustedes, amables lectores, irán percibiendo en las páginas de este ensayo en el que su autor, haciendo uso de su experiencia, pragmatismo y conocimiento de los marcos jurídicos que regulan las relaciones de las sociedades mercantiles, va más allá y con sentido común nos alerta sobre lo que debemos hacer y lo que hay que evitar en nuestra vida cotidiana, para que nuestras organizaciones puedan desarrollarse libres de tropiezos, que tanto daño le causan al desempeño de las sociedades y de los individuos que participan en ellas.

Salvador Benítez, abogado destacado, jurista, conocedor de las leyes y, sobre todo, estudioso del comportamiento humano, ha logrado sintetizar en sus reflexiones una serie de consejos prácticos de uso, yo diría diario, que nos pueden servir como un manual, con los cuales nos guía y nos encauza hacia cómo se deben organizar nuestras sociedades mercantiles, qué debemos cuidar y evitar y cómo debemos aprender a ser socios, accionistas, dirigentes o dueños de una empresa. También nos enseña cómo preservar nuestros legados y cómo debemos manejar una empresa familiar o institucional, hasta las difíciles etapas de la sucesión de mandos.

El autor, convencido del valor agregado que las empresas producen en la sociedad, trata con sus recomendaciones de cuidar su desempeño para que cumplan con su fin más noble: brindar bienestar a las comunidades en donde realizan sus labores.

A lo largo de las siguientes páginas, ustedes encontrarán, estoy seguro, consejos que, al aplicarlos, les darán un antídoto para que las organizaciones y las relaciones entre individuos puedan lograr sus fines y objetivos librándolas con su aplicación del mal que tanto aqueja a nuestra sociedad: el conflicto constante.

Los invito a que lean este libro y lo conserven como una guía permanente de consulta para que, en todas las ocasiones —no solo empresariales, sino de colaboración o asociación de individuos—, puedan anticipar problemas y evitar, como hemos venido repitiendo, las pugnas que son tan perniciosas en la vida de todos.

Estoy convencido de que al terminar su lectura concluirán: «Cuántos disgustos y dolores de cabeza me hubiera evitado, si hubiese tenido acceso a estos consejos y guías previamente».

Carlos Salazar Lomelín
Empresario
Expresidente del Consejo Coordinador Empresarial
Ex director general de FEMSA

Introducción

Durante mi ejercicio profesional, he tenido la oportunidad de atender y comprender a fondo diferentes conflictos y crisis suscitadas en empresas, asociaciones y sociedades civiles, sobre todo las originadas por rupturas entre accionistas, asociados o socios, cuya solución ha sido, en la mayoría de los casos, extremadamente compleja tanto por los diversos factores que inciden como por las consecuencias económicas, familiares, sociales y personales que se suscitan por estas desavenencias.

He conocido el origen de enemistades vitalicias y presenciado la destrucción de lazos familiares, así como el irreversible final de grandes amistades, por causas de diferencias económicas, con sus consecuentes reacciones emocionales y, en algunos casos, sus efectos sociales.

Mi actividad como abogado y como consejero me ha permitido observar causas y efectos que se dan en las relaciones interpersonales y que no derivan necesariamente de situaciones meramente jurídicas. Por ello, me interesa enfocarme, sobre todo, en los aspectos inherentes al ser humano, tales como la educación, los valores, la ética personal y profesional, las emociones y la cultura, que determinan la conducta como socio tanto desde un enfoque positivo como negativo y, en lo particular, sus consecuencias en la operación de una sociedad comercial.

Debemos entender que, de origen, los problemas entre las personas surgen por muy diversas causas y a veces sin motivo aparente, pero, comúnmente, se deben a desencuentros no solucionados, a una conducta contraria a las buenas costumbres o al desapego del cumplimiento de las normas que rigen la convivencia social, ya sea en el ámbito moral o legal. Por desgracia, los verdaderos motivos por los que actúa una persona deshonesta están escondidos en la profundidad de su mente. La mala fe es un factor en muchas ocasiones indetectable y es, entre otras, una de las principales causas del conflicto humano.

Cuando se causa un daño patrimonial y ya no es posible un acuerdo o transacción, las diferencias entre las personas son irreconciliables. Como resultado, quien se siente afectado busca el apoyo en la ley y en los tribunales, con el propósito de regular la conducta ilícita de individuos agraviantes y buscando aplicar las normas que el caso amerite con la intervención del Estado. En esta situación, solo habrá un ganador y un perdedor, sin descartar una enemistad perenne.

En la vida diaria, lo conveniente es que nuestra conducta se externe por convicción, aplicando las reglas del sentido común, la moral y la ética aceptadas por nuestros conciudadanos, en las que uno de los principios fundamentales es no hacerle a los demás lo que no quisiéramos que nos hicieran a nosotros. Una regla de oro y de valor universal consiste en que el derecho de una persona o grupo termina cuando se invaden los derechos de otros. Lo dicho parece muy simple, pero en la realidad hay quienes no aplican esa máxima en sus relaciones interpersonales e institucionales.

Debemos entender que las leyes regulan y sancionan nuestra conducta; en todo caso, no son otra cosa que el reflejo del sentido común y el resultado del consenso de una sociedad que aspira siempre a la equidad y a la justicia. La mejor aplicación práctica de la ley, para el tema que nos ocupa, es la actuación apegada a una ética de negocios que, en relación con los demás, se complemente cumpliendo con las formalidades necesarias cuando se contraigan obligaciones o se concedan derechos.

En otro orden de ideas, las sociedades mercantiles son «las entidades que se constituyen por personas físicas creando, con ello, personas morales, con atributos de personalidad jurídica, patrimonio, derechos y obligaciones propias cuyo propósito es ejercer una actividad especulativa comercial, con fines de lucro».

Estas sociedades pueden estudiarse desde diversos enfoques, por ejemplo, desde el punto de vista jurídico, económico, administrativo o de gobierno corporativo, para entender mejor los fines para los que son creadas. Mi propósito es concentrarme en el eje fundamental de una sociedad formal o informal con fines especulativos, es decir, con actividades mercantiles, a la que, para efectos prácticos, en lo futuro llamaré solo «sociedad» o «empresa». El eje fundamental al que me he referido es la persona física, el individuo propietario de una porción de esa sociedad a quien llamaremos «accionista» o «socio», ya que existen diversas formas legales de asociarse en las sociedades o negocios mercantiles. Dedicaré un capítulo a las sociedades y asociaciones sin fines comerciales.

Independientemente de la perspectiva desde la cual se pretenda estudiar, una sociedad es un ente que posee una inteligencia colectiva diferenciada, entendiendo como tal el razonamiento aplicado en acciones concretas y con decisiones particularizadas como resultado del esfuerzo intelectual de dos o más personas; en otras palabras, la conjunción de actividades multidisciplinarias orientadas hacia objetivos comunes predeterminados. En ese sentido, la sociedad tiene un propósito, una visión y una misión, metas y objetivos de corto, mediano y largo plazo, metodologías de trabajo, herramientas tecnológicas, patrimonio, obligaciones y derechos propios, información, experiencia y, sobre todo, procesos de toma de decisiones en los que, según la situación o las facultades que se tengan, participan uno o varios individuos.

La sociedad actúa y se expresa por medio de personas físicas que finalmente le dan sus características únicas, resultando, en sentido abstracto, una personalidad propia.

En todo este complejo proceso que se sintetiza en un diario quehacer, todos en la empresa, desde los accionistas hasta el más modesto de los trabajadores, deben actuar en un engranaje que le permita a la sociedad cumplir con la finalidad para la cual fue incorporada. Los accionistas no necesariamente participan en la operación diaria de una sociedad, pero son ellos quienes constituyen la autoridad suprema —al menos en teoría— a través de sus asambleas y también, como tenedores del capital, son los propietarios de la misma. Por esas dos principales razones, ellos son los primeros responsables del éxito o fracaso de una sociedad.

Existen innumerables estudios y sugerencias sobre la mejor forma de gestionar una empresa, de cómo operarla y administrarla, planear estratégicamente cómo conducir a su personal, cómo tener un mejor ambiente de trabajo, ser más competitivos, mejorar las finanzas, lograr mejores prácticas societarias o para medir de forma adecuada sus resultados, así como de ocuparse de la transparencia y rendición de cuentas; en fin, como lo dije antes, muchas formas de ver a una sociedad y de mejorarla. Nada de esto se logra si el accionista no tiene la voluntad para desarrollar la cultura empresarial del buen gobierno corporativo y se entiende a sí mismo antes de entender a su empresa, sin que esto implique que no debe hacer esto último.

Tampoco es mi pretensión entrar al campo teórico o plantear un debate. Lo que busco es que el lector —que pudiera ser accionista, directivo, consejero o asesor de una sociedad, interesado en analizar y ponderar los puntos de vista que aquí se expresan— incursione en temas de reflexión inducidos por las vivencias personales que, solo en la práctica, ha podido encontrar el autor. Esta lectura permitirá la comparación de los planteamientos presentados con situaciones propias de cada persona. Toda experiencia individual puede ser útil para otros en la prevención de conflictos de accionistas, socios o asociados en las empresas, en las que, de cualquier forma, se participe.

Resolver un problema por sus causas y no por sus efectos permite evitar su repetición y también solucionar en forma definitiva los daños causados, ya sea de manera parcial o, en su caso, asumiendo las pérdidas ocasionadas. La prevención, para propósitos de esta propuesta, consiste en el análisis de supuestos, ya sean reales, pasados, potenciales o actuales, que permiten identificar las posibles causas que, necesariamente, provocarían o provocan las desavenencias entre los accionistas, con el fin de tomar acciones para evitar su materialización.

Sin llegar al absurdo o a supuestos extremos, es posible acordar, previa y razonablemente, los pasos que deberán de tomarse cuando surja una situación adversa, no deseada, pero probable, que común o eventualmente se presenta entre los accionistas de una sociedad y, así, desactivar los conflictos previstos con base en la experiencia histórica, el sentido práctico o una visión hacia el futuro que pueda anticiparse a sucesos que, por fuerza, se materializarán.

Sin mayores pretensiones, deseo ser útil al lector compartiendo mis ideas y reflexiones para que le auxilien a mejorar actitudes, apoyar las decisiones que se adopten como accionistas de una empresa y contribuir para que, en sus relaciones interpersonales, se eviten desavenencias o prácticas que incidan en el desenvolvimiento de conflictos, tanto entre socios como en la sociedad.

Los problemas primero son humanos y luego legales, no a la inversa.

CAPÍTULO 1

Entendiendo a la sociedad

Es conveniente visualizar a la empresa como una entidad de alto impacto social en un contexto distinto a su definición legal, ya que su alcance va mucho más allá, por ser un engrane fundamental de la actividad laboral humana.

Coloquialmente, una sociedad es una entidad con «vida propia» a la que nos referimos como si se tratara de una persona o un individuo e, incluso, le concedemos atributos. Esta entidad se desenvuelve dentro y fuera del mercado como empresa pública o privada.

Establecimos que, en la práctica, una sociedad o corporación es un ente abstracto; no obstante, nos referimos a ella como «alguien» a quien podemos exigirle, incluso, que rinda cuentas sobre su responsabilidad social o su contribución a la actividad económica. Consecuentemente, debemos fijar la premisa de que, para todo efecto, una empresa es una tercera persona distinta a sus accionistas.

Una sociedad mercantil opera bajo los siguientes atributos:

1. Tiene su propio nombre que la distingue de las demás.
2. Su personalidad jurídica es única, con derechos y obligaciones inherentes a sus compromisos legales y económicos.
3. Puede tener establecido un periodo de vigencia o ser de duración ilimitada.
4. Tiene su objeto social, es decir, la definición de las actividades que realizará durante su existencia.
5. Tiene un domicilio social que la liga a sus diferentes obligaciones legales y fiscales, según el país de su casa matriz o los países en que opere.
6. Es legítima poseedora y propietaria de un patrimonio que puede ser dinero, inmuebles, derechos, marcas, patentes, muebles, maquinaria, inventarios y, en general, los activos que se requieren para su desempeño.
7. Tiene la capacidad de contraer pasivos por sí misma, obligándose a cubrirlos y a responder por ellos con su patrimonio.
8. Cuenta con sus órganos decisorios, delegando en individuos las funciones contenidas de su objeto social, siendo estas personas quienes la obligan mediante la representación conferida.
9. Desarrolla activos intangibles con base en su reputación en el mercado, sus marcas, nombre comercial, patentes y desarrollo de tecnologías, entre otros, lo cual genera un valor agregado para sus accionistas.
10. En general, la responsabilidad de los socios se limita al monto de los activos de la sociedad; sin embargo, hay excepciones, ya sea por la naturaleza de la sociedad o por situaciones de carácter jurídico o fiscal, en las que el accionista puede tener responsabilidad solidaria o subsidiaria.

Todas las características anteriores y otras que pudieran ocurrírsenos nos llevan a concluir que, en la vida diaria, una sociedad, repito, opera como resultado de una inteligencia colectiva, en la que, cuando menos dos personas, aplican sus conocimientos y enfocan sus actividades hacia la consecución del fin para el que fue creada. Desde luego, entre más sofisticada sea una empresa o conglomerado, mayor complejo el funcionamiento de esa llamada inteligencia colectiva.

Uno de los aspectos que quizá sea desatendido u olvidado con más frecuencia por los socios es que los intereses de la sociedad no necesariamente coinciden con los de las personas que la integran, por lo que es frecuente que un grupo mayoritario de accionistas la tome como propia y la utilice para satisfacer sus pretensiones económicas personales, descuidando su esencia: la protección patrimonial del ente colectivo.

Aun cuando en algunas situaciones es muy difícil diferenciar la actividad y el interés personal de las actividades e intereses de la empresa, lograrlo es quizá una de las mayores expresiones de madurez en un accionista.

Durante el desarrollo de estas reflexiones daremos cuenta de los diversos factores que inciden en la confusión de personalidades, por ejemplo, cuando el accionista olvida que su labor debe enfocarse a un interés superior, es decir, colectivo, en el que «yo» se intercambie por «nosotros» o «tú». Esto último es, precisamente, la sociedad, que debe visualizarse y respetarse como una persona distinta.

Otro aspecto relevante que no debemos olvidar es que en el momento en el que formamos parte de una sociedad, transmitimos una porción de nuestro patrimonio a esa persona moral distinta, y por lo regular recibimos un título de crédito o constancia (acción, certificado provisional o parte social), que representa nuestra aportación pagada y nos confiere derechos y obligaciones. Este documento no necesariamente tiene un valor de mercado cuando se trata de sociedades privadas, pues siendo la empresa una tercera persona, no está obligada a restituir la aportación de los accionistas cuando se le solicite al libre arbitrio. En otras palabras, los títulos representativos de las suscripciones y pagos de los socios permanecerán como tales durante toda la vida de la sociedad, pudiendo ser canjeados solo

Los intereses
de la sociedad
no necesariamente
coinciden con
los de las personas
que la integran.

cuando así lo prevean los estatutos o enajenados, al valor cuyo mecanismo de cálculo se haya acordado con antelación por los propios socios. Esto último sucede en muy pocas empresas privadas.

En su oportunidad, veremos a más detalle la importancia de que el accionista, al formar parte de una sociedad, esté o no obligado a que él o sus sucesores permanezcan en ella, así como la relevancia de un acuerdo para prever la salida de la parte minoritaria.

CAPÍTULO 2

¿Por qué asociarse?

En general, una sociedad se origina por el entusiasmo de dos o más personas con capacidad económica que se complementa, o bajo la combinación de una capacidad profesional o inventiva con la otra, que los lleva a iniciar una aventura especulativa con un mayor o menor grado de riesgo, profesionalismo, análisis y planeación, para lo cual, comúnmente, encomiendan a un abogado o notario su constitución, por lo regular sin profundizar lo suficiente en los aspectos estatutarios.

Solo para considerarlo, y aceptando que es la excepción, es factible asociarse sin necesariamente constituir una sociedad; sin embargo, incluso cuando la fórmula de negocios sea por una relación de tipo comercial, de una asociación estratégica, de asociación en participación o cualquier otra forma que se nos pueda ocurrir en los negocios, de todos modos, aplican reglas para los socios.

Entrando en materia, hay quienes no toman la decisión de asociarse, sino que heredan la calidad de socio y así forman parte de una sociedad, sin que sea por voluntad propia y, en consecuencia, no tienen certeza de su futuro en la misma.

Suele suceder también la formación de sociedades por inercia familiar o amistad, así como las que se incorporan en un proceso de crecimiento, para diversificar riesgos o áreas de negocios.

Es muy común que las personas físicas constituyan una sociedad porque su abogado, su contador o asesor personal les recomiende hacerlo, para aislar una parte de su patrimonio del riesgo comercial individual.

Con independencia de las razones que tengamos para asociarnos y que veremos más adelante, convivir en forma colectiva en una actividad mercantil contiene implícitamente el afán de encontrar alguna alternativa dirigida a satisfacer un interés personal, para obtener una fuente de ingresos —como actividad primaria o alternativa— que solvente nuestras necesidades económicas.

Debo destacar que constituir una sociedad no es un acto aislado y transitorio. Su formalización requiere, además, del cumplimiento de normas de derecho privado y público (incluyendo las fiscales) que generan muy diversas responsabilidades para los consejeros y para los socios. Así, es muy aconsejable que, antes de constituir un nuevo ente jurídico, se debe tener la certeza de cuáles son los derechos y obligaciones que se contraerán entre socios y frente a terceros.

Paradójicamente, y sobre todo en países como México, es muy común que los accionistas se asocien sin conocer a detalle los estatutos. En general, cuando los accionistas se incorporan a una sociedad, no se dan el suficiente tiempo para analizar cuáles son sus derechos y obligaciones, así como para reflexionar sus objetivos personales en el corto, mediano y largo plazo. En pocas palabras, tanto desde el punto de vista societario como en el marco legal del negocio que van a emprender, no saben con claridad en qué aventura se están involucrando.

En los mercados de valores, día con día se llevan a cabo innumerables transacciones en las que se enajenan porciones accionarias de sociedades públicas y en las que quizá muchos de los inversionistas

Convivir
en una actividad
mercantil implica
el afán de satisfacer
un interés personal
y de obtener
una fuente de
ingresos.

ni siquiera conocen la situación económica real de la sociedad a la que asignan recursos, es decir, solamente compran acciones como parte de su portafolio de ahorro o inversión, ya sea por razones especulativas, por recomendaciones, por el prestigio de la empresa o por el comportamiento histórico del valor de la acción. En estos casos, la influencia que el accionista (inversionista) puede tener en el desempeño de la sociedad no es relevante para la decisión de compra. Lo que cuenta es la oportunidad de poder entrar o salir como socio en cualquier momento.

Las razones fundamentales que responden a la pregunta inicial de este capítulo y que nos llevan a asociarnos son las siguientes:

1. Confianza y credibilidad. No es entendible asociarse o ingresar a una sociedad si no existe empatía, ya sea con los otros accionistas, con sus administradores, con el desempeño o la imagen pública de la misma.
2. Especulación. Se ingresa a una sociedad con la idea de ganar dinero. Hay quienes lo hacen conociendo el alto nivel de riesgo que se corre, pero con la expectativa de que sea debidamente recompensado con utilidades. De ahí, la variedad de oportunidades de inversión que se presentan en los mercados abiertos y privados.
3. Giro mercantil. Todo accionista que invierte en una sociedad conoce al menos su objeto social preponderante, el cual está basado en las expectativas que tiene respecto al éxito de su actividad mercantil, es decir, la estimación de valor y el futuro de los productos y servicios que ofrece. Es un factor importante para la toma de decisiones.
4. Fines patrimoniales. Especialmente en el caso de sociedades públicas, el accionista ingresa con el objetivo de acrecentar su capital, con una visión de rentabilidad en el mediano y largo plazo. En cualquier caso, siempre hay una expectativa de obtener ganancias. Todo socio en una empresa espera que sus acciones incrementen su valor con rendimientos reales.

5. Utilidades. Al constituir o ingresar a una sociedad privada, en general se le da una mayor importancia a la consecución de fines de corto plazo, es decir, es la búsqueda de dividendos la que conlleva a dos o más personas a formar una sociedad. En estos casos hablamos de sociedades pequeñas y medianas, en donde el espíritu emprendedor, la inventiva y la capacidad creativa, generan un entusiasmo en el que no se profundiza lo suficiente en los planes futuros, pues solo se ve el proyecto como una fuente de ingresos para cubrir las necesidades económicas cotidianas.
6. Desempeño de la empresa. Cuando se trata de sociedades en marcha con necesidades de capital, los accionistas que ingresan se asocian con el propósito de mejorar la rentabilidad de la empresa mediante aportación de capital o talento.
7. Razones estratégicas. En muchos casos, una razón de peso para asociarse la constituye el valor estratégico que puede significar, para un accionista, la adquisición parcial o total de otra sociedad. Hay otras razones por las cuales las sociedades conservan participaciones mayoritarias o minoritarias en otras, para asegurar insumos o productos secundarios que complementen la actividad primordial o, por qué no, para mejorar o solidificar su posicionamiento en el mercado.
8. Propósito emprendedor. Esta razón para asociarse no es menos importante. Indudablemente, hay personas cuya imaginación y creatividad los llevan a concretar sus sueños en empresas exitosas. Desde luego, nos encontraremos a algunas de ellas que son muy estructuradas, con ideas y planes muy claros, mientras que otras están innovando de forma constante o modificando el rumbo. De cualquier forma, la mayoría de las veces, el emprendedor busca socios, principalmente, para capitalizarse, pero por el propio perfil de personalidad es él quien busca liderar y controlar la sociedad.

Como podemos apreciar, estas son algunas de las razones por las cuales se ingresa en la aventura de una sociedad, pero cualquiera que sea el motivo para compartir con otros una actividad económica en común, es necesario estar consciente de que la convivencia societaria, independientemente de los derechos, obligaciones legales y el propósito de negocios implicados, tiene una serie de reglas y principios basados en buenas prácticas, sentido común, valores compartidos y ética en la actividad mercantil que deben seguirse para minimizar tanto conflictos de intereses como de cualquier otra índole.

Asociarse por voluntad no es una decisión simple. Al tomar un paso de esta naturaleza es conveniente tener muy claro tanto lo que se quiere como lo que se espera de los otros socios y de la propia actividad empresarial. Es recomendable establecer objetivos de corto, mediano y largo plazo, así como tener prevista la forma en la que operará la sociedad. El mejor momento para aclarar con nuestros potenciales o futuros socios todos los puntos que consideremos importantes es previo a la firma de una escritura, la adquisición de acciones o al hacer la primera aportación de capital.

CAPÍTULO 3

¿Con quién asociarse?

Es común encontrarnos con situaciones que terminan en difíciles negociaciones o incluso enfrentamientos legales por un inadecuado proceso en la selección de las personas, físicas o morales, con quienes se inicia una sociedad o se integran a esta.

El error en la selección de los socios suele ocurrir cuando se requiere capital, ya sea por una empresa en operación o cuando un socio industrial necesita recursos para iniciar su proyecto. En otras ocasiones, sucede cuando a un entusiasta emprendedor con suficiente capital, algún amigo o recomendado le propone un «atractivo» negocio (generalmente con presentaciones muy bien preparadas y proyecciones alegres en su plan de negocios).

En estas situaciones, hay personas de cierto perfil que aprovechan la oportunidad para conseguir posiciones de mayor control en la sociedad. En general, durante un proceso de negociación, quien requiere de capital o se entusiasma demasiado, no se asesora adecuadamente sobre las consecuencias de las concesiones que hace en reformas de estatutos, las cuales en muchas ocasiones permiten al nuevo socio, aún en una posición minoritaria, conseguir que ciertas resoluciones requieran de su aprobación.

Una opción que se toma con frecuencia es la de simplemente dividir la participación de cada accionista en un 50 %. Esta decisión, sin tomar las previsiones adecuadas para establecer la forma de gobernanza corporativa, los mecanismos de salida y solución de controversias, es uno de los errores más graves que se pueden cometer al convivir en una sociedad.

Cuando se está en una postura de igualdad en tenencia accionaria, cualquier socio pueden trabar la toma de decisiones relevantes para el negocio, incluyendo la posibilidad de modificar los estatutos, los apoderados o los cargos en el consejo de administración o el de administrador único, según sea el caso. En una tenencia en partes iguales y con unos estatutos sin previsiones adecuadas, la sociedad carece de un órgano decisorio fundamental y, a su vez, la estructura, diseñada originalmente, no puede ser modificada sin el acuerdo de ambos tenedores de dicho porcentaje.

Es aconsejable analizar cuidadosamente el perfil, los antecedentes, la afinidad en valores de práctica empresarial, ética e incluso la situación familiar y económica del socio que se vaya a admitir. Con mucha frecuencia, se resuelve la necesidad de capital en el corto plazo o se inicia con mucho entusiasmo y sin formalidad, pero se convierte en una pesadilla en el mediano y largo plazo, repito, por falta de previsión.

En el mundo de los negocios, siempre se debe estar alerta a los riesgos que se asumen al concretar una nueva relación societaria —incluso entre amigos—, pues lamentablemente la mala fe es casi imposible de detectar. Por ello la necesidad de ser formal en los negocios, según veremos posteriormente.

Ahora bien, recordando que la sociedad constituye una persona (moral) distinta a los individuos que la integran, la expresión de sus decisiones se exterioriza a través de acciones individuales, derivadas

En el mundo
de los negocios,
siempre se debe
estar alerta
a los riesgos que
se asumen al
concretar una
nueva relación
societaria.

de las directrices que se fijen por los órganos de administración conforme lo señalen los estatutos; por lo anterior, la relevancia de la afinidad, empatía y en todo caso la claridad de quien tenga la última palabra, ya sea en una asamblea de accionistas o en una sesión del consejo de administración, es absolutamente relevante para la buena marcha de la sociedad. Alguna vez, Eduardo Elizondo, gobernador de Nuevo León (1967-1971), relevó de su encargo a un alto funcionario a solamente unos días de haberlo designado; al ser cuestionado por los medios su respuesta fue, palabras más, palabras menos: «Me puedo equivocar al designar a una persona, pero no me equivoco cuando la despido».

Cito esta anécdota porque, en el caso de las sociedades, no es posible «despedir» a un socio, salvo que existan provisiones dentro de los estatutos para resolver situaciones de conflicto o mecanismos de salida. En el transcurso de mi narrativa, se podrá apreciar la importancia de incluir en la normatividad estatutaria de las empresas privadas, diversas formas de relevar a uno o varios socios cuando las relaciones personales sean irreparables.

Asociarse es una situación más compleja que un matrimonio, pues en este último caso la relación es disoluble, aun cuando tenga diversas consecuencias; en el caso de las sociedades, al crear un ente jurídico distinto, este no puede disolverse por voluntad de una de las partes si no se tiene la mayoría necesaria para poder resolver sobre su terminación.

Aun cuando sea reiterativo en este punto, una de mis recomendaciones de mayor peso consiste en la atención y análisis cuidadoso de las características y la afinidad que tengamos con las personas que elegimos para una aventura empresarial, así como tener una previsión para el caso de ser necesario disolver esa asociación.

CAPÍTULO 4

Informalidad vs. formalidad

Entre más significativos sean los montos de inversión, desde luego el nivel de formalidad y sofisticación crece. Sin embargo, en las pequeñas y medianas empresas es muy frecuente acudir ante un notario público para constituir una sociedad y, lamentablemente, los accionistas muchas veces no se dan el tiempo de emitir las acciones representativas de su capital. México (y creo que así sucede en la mayor parte de países como el nuestro) adolece de una incipiente cultura de legalidad, de la cual no se escapa el ámbito empresarial. Podría afirmar que más del 90 % de las sociedades en México no pasan satisfactoriamente una auditoría legal o de compra (*due diligence*). Esto sucede porque, en la práctica, el aspecto legal societario, en cuanto a las formalidades de la documentación de la sociedad, se considera como un costo y no como una forma de proteger nuestra inversión. O simplemente, la formalidad jurídica se relega a un segundo o tercer plano y, por tal motivo, no se celebran asambleas, juntas de consejo, registros de accionistas, etc. En la práctica, y como ejemplo, podemos señalar un caso común, en el que cuando hay controversia y los afectados son los accionistas minoritarios, estos no cuentan ni siquiera con los títulos representativos de sus acciones. En esta situación, es requisito legal, para poder reclamar sus derechos, acompañar los títulos de las acciones en su petición ante un juez. Así como este, abundan eventos en que la informalidad propicia el abuso del accionista mayoritario cuando se está en un evento de conflicto.

Continuando con estas ideas, la informalidad dificulta la transferencia de la calidad del socio a un tercero adquirente, ya sea en la compra de un paquete de acciones mayoritario o minoritario, porque la estructura legal corporativa no se encuentra en orden o simplemente no existe. Podemos equiparar la ausencia del cumplimiento de las obligaciones societarias a la falta de un seguro. En tanto no sea un siniestro, el pago de la prima parece ser un costo; sin embargo, cuando se da el caso, consideramos el seguro como una buena inversión. En las sociedades, cuando surge un conflicto entre accionistas, una vez rotas las relaciones, ya no es posible restituir los errores cometidos y es justo esta ruptura la que se capitaliza para adoptar posiciones más radicales por parte de los accionistas mayoritarios, lo que convierte la consecuente desavenencia en un daño irreversible para la relación de los socios, además de posibles pérdidas económicas para la empresa.

Con mucha frecuencia, en las sociedades pequeñas y medianas, en las empresas familiares y en algunas de capital privado, no se tiene en orden la documentación corporativa y se informa sobre la administración basándose en reuniones informales o acuerdos extralegales, no documentados entre los accionistas que controlan la mayoría. En general, esto funciona razonablemente bien mientras la sociedad produzca utilidades satisfactorias o permita actividades comerciales con las partes relacionadas (los mismos accionistas o su familia), es decir, siempre y cuando todos se beneficien y las utilidades sean también suficientes para todos.

Usualmente, cuando impera la informalidad en una sociedad, es la capacidad negociadora del accionista mayoritario o el respeto a su persona lo que permite conservar el equilibrio y la concordia o sumisión, según sea el caso, con los accionistas minoritarios. La figura patriarcal o matriarcal es por lo general el elemento de unión en una empresa familiar, independientemente de la importancia económica que tenga. Entre más relevante y autoritaria sea la figura del accionista principal, mayores son las probabilidades de que al faltar este surja un rompimiento entre sus herederos, ya que, en general, la siguiente generación no está preparada para actuar en vida societaria derivado de que no hay procesos formales, participación empresarial educada, previsiones integradas a los estatutos de la sociedad o prácticas de gestión para gobernar en forma institucional.

Separado de la influencia que puede tener un accionista sobre los demás para controlar «políticamente» las relaciones entre los socios, es un hecho que la informalidad promueve el abuso y la toma de decisiones unilaterales que, en el mediano o largo plazo, acaban generando enfrentamientos.

El periodo de riesgo más grave, como resultado de la informalidad en la conducción de una sociedad, se manifiesta durante el crecimiento. La llamada «ceguera de taller» impide que los accionistas se percaten a tiempo de los cambios ocurridos en la sociedad, de los intereses creados y de los conflictos de intereses. Lo que en un inicio fue un entusiasta proyecto se convierte, ahora, en un ente económico relevante, en el que los roles administrativos, funciones e ingresos personales empiezan a tener un peso significativo en la operación diaria.

Estas reflexiones nos permiten concluir que, para lograr el éxito de una sociedad, resulta de vital importancia que, desde el inicio, los accionistas dediquen el tiempo suficiente para cumplir, al menos, (i) con todas las formalidades legales en su incorporación y operación; (ii) establecer o actualizar las normas de su funcionamiento; (iii) reunirse con cierta periodicidad para ver y resolver institucionalmente los asuntos relevantes de esta; (iv) fijar y cumplir con las normas y políticas establecidas; (v) contar con un proceso de rendición de cuentas y control interno; (vi) instituir mecanismos

El periodo
de riesgo más grave,
como resultado
de la informalidad
en la conducción
de una sociedad,
se manifiesta
durante el
crecimiento.

para resolver posibles conflictos de intereses, y (vii) acordar los procedimientos de salida para cualquier accionista.

Esto no requiere de mucha sofisticación. Solo basta tomar en cuenta que el tamaño de la sociedad y su importancia económica determinan también los requerimientos formales para operar. De ahí que, si bien una sociedad puede nacer con un diseño relativamente sencillo en sus estatutos y una administración esbelta, los accionistas deben estar atentos al cumplimiento de las políticas y procedimientos necesarios para su correcta operación, dándole la mayor relevancia y complementando las formalidades indispensables según su desarrollo.

Un ingrediente que incide de manera profunda en la formalidad y la informalidad se encuentra en el propio carácter del accionista. Me refiero, particularmente, a la diferencia entre ser emprendedor y ser empresario. Existen diversas definiciones de cada uno de estos términos, pero, para efectos de estas reflexiones, encontramos que las principales características de un emprendedor son la creatividad, la audacia, la temeridad y la individualidad en la toma de decisiones y riesgos, mientras que el empresario es conservador, visionario, organizado y estructurado. De igual modo, tiende a trabajar en equipo y es más propenso al desarrollo de los negocios en forma planificada. Así, es normal encontrar que un emprendedor sea sumamente informal en sus esquemas de gestión en los negocios y en su estructura de gobierno corporativo.

En nuestra cultura, desafortunadamente, ser asertivo se percibe como una conducta agresiva. Ser claro en nuestra comunicación es indispensable en los negocios, pues es necesario comunicarse en forma directa, pragmática y sintetizada; desde luego, sin que eso implique hacer a un lado la cortesía y una conducción amable. La expresión correcta y concisa de las ideas, cuando además contienen su fundamento, permite una deliberación ágil y constructiva. Tanto los accionistas como los miembros de un consejo de administración, así como la alta dirección en las empresas, deben ser receptivos a la comunicación formal y directa, puesto que el tiempo de cada uno de ellos es preciado.

El primer paso para resolver un problema es reconocerlo. Es más grave ocultar un error que aceptarlo y encontrar sus causas para buscar soluciones.

En conclusión, la formalidad en la conducción de una sociedad genera un ambiente de comunicación y respeto que permite, tanto a los accionistas como a los consejeros y funcionarios, establecer las vías que hacen posible situar sobre la mesa los diferentes temas que conciernen a la sociedad y que afectan su desarrollo. Asimismo, los procesos formales e institucionales despersonalizan las tareas indispensables para la correcta operación de la sociedad, permitiendo una toma de decisiones con mejor calidad de información y elementos mucho más objetivos.

Podemos afirmar que una empresa en la que se cumplen los aspectos formales acordados por los accionistas y el consejo de administración, acompañados de políticas y reglas claras, reduce de manera significativa el riesgo de conflictos entre los accionistas, independientemente de la mejora en su operación diaria.

CAPÍTULO 5

Alineación de intereses

Gramaticalmente, alinear significa «poner en línea o vincular hacia una tendencia». En una sociedad, la alineación de intereses puede analizarse desde muy diversas aristas, y no debemos confundir este aspecto con el relacionado a la misión, visión, objetivos, presupuestos y estimación de resultados de la sociedad, pues este es un tema que debe tratarse por separado y bajo una perspectiva distinta. En esta propuesta, la alineación de intereses se refiere al accionista, es decir, a la importancia de identificar los objetivos comunes de los socios que tengan mayor influencia en las decisiones durante las asambleas.

El que nos ocupa es, quizá, uno de los puntos en los que menos se profundiza entre emprendedores que forman nuevas sociedades o entre accionistas que participan en empresas que ya están en operación. Cuando se trata de una empresa pública, es claro que la alineación de los intereses de los accionistas es relativamente importante para quienes detentan el grupo de control; sin embargo, tomemos en cuenta que la posibilidad de enajenar las acciones en el mercado de valores abre siempre una posible salida cuando hay un desacuerdo o cambios en la estrategia patrimonial individual. El problema se agrava en las sociedades de capital privado, en las que, por circunstancias personales o externas, los intereses de los accionistas pueden cambiar radicalmente.

Es relevante aclarar que, en esta alineación de intereses, no estamos refiriéndonos a la visión que el accionista tenga sobre el futuro de la empresa o en su misión, objetivos o propósitos. El concepto de alineación de intereses, para la reflexión que nos ocupa, se enfoca, sobre todo, en la parte patrimonial y en las expectativas individuales de cada socio.

Es importante distinguir entre el acuerdo sobre la duración de una sociedad —que generalmente se establece en más de cincuenta años— y la permanencia de los accionistas en ella. La existencia de una empresa se mantendrá siempre y cuando su sustentabilidad financiera se lo permita; sin embargo, la estadía de los accionistas está limitada por su periodo de vida, cambios en su patrimonio, cambios en sus planes empresariales o por disputas entre ellos, entre otras posibles causas. Más adelante trataremos el concepto de los mecanismos de salida en las sociedades, lo cual tiene íntima relación con este punto.

La alineación de los intereses de los accionistas está directamente ligada con los planes patrimoniales personales, las expectativas de rentabilidad y, por qué no decirlo, las expectativas de control o mando. Algunos accionistas podrán estar más interesados en la reinversión y el crecimiento; otros, en el decreto de dividendos con la idea de obtener un ingreso personal. De ahí la importancia de que los socios contemplen, acuerden y revisen las políticas de crecimiento y distribución de utilidades, para no generar expectativas distintas entre ellos. El concepto de generación de valor en una empresa contiene, al menos, tres elementos sustanciales: el incremento real en su capital contable, su capacidad para generar utilidades y el crecimiento en la valuación de sus activos intangibles. El equilibrio entre

La alineación de
los intereses
de los accionistas
está ligada con los
planes patrimoniales
personales,
las expectativas de
rentabilidad y las
de control o mando.

esos tres factores y la posibilidad de que el accionista pueda convertir una porción de esa generación de valor en ingresos por dividendos es un reto constante para el consejo de administración o la dirección de una empresa, pues identificar el interés común de los accionistas sobre este particular y, sobre todo, llevarlo a niveles satisfactorios para la mayoría, es quizá uno de los logros más difíciles de alcanzar en una sociedad.

Desde luego, siempre debemos tomar en consideración que cada socio puede tener intereses secundarios, que son de carácter individual, los que no necesariamente repercuten de forma directa en su relación con la sociedad o con los demás accionistas en un futuro inmediato, pero que pudieran tener consecuencias en el largo plazo y que deben ser tratados con oportunidad, con el fin de encontrar la solución para tal interés particular; por ejemplo, que un accionista invierta con el ánimo de dejarle su participación en el futuro a uno de sus hijos, para que forme parte de la alta dirección.

Así, la interrelación entre los accionistas debe contener un alto grado de asertividad, respeto y empatía para que, conociendo los planes y expectativas de los demás, se identifiquen potenciales diferencias o se prevean con oportunidad las posibles soluciones mediante reglas estatutarias o acuerdos de accionistas con disposiciones de carácter general (anticipando situaciones futuras o que fortuitamente sucederán).

En conclusión, resulta de gran relevancia que los accionistas dialoguen al inicio de la formación de una sociedad privada y, periódicamente, durante su crecimiento sobre sus expectativas en el corto, mediano y largo plazo, tanto en el aspecto de participación activa en la operación de la empresa —incluyendo a su descendencia—, como en relación a su permanencia. Por ello, es muy recomendable prever en los estatutos cómo se resolverán las posibles situaciones que se presenten por cambios en los intereses de uno o varios accionistas, como se dijo, con reglas de carácter general.

CAPÍTULO 6

Participación de socios en la operación de la sociedad

En la mayoría de las sociedades participan accionistas activos y pasivos. Para asegurar que se entienda esta idea, asumamos que un accionista activo es aquel que está involucrado de forma directa en la operación del negocio, y uno pasivo es quien realiza una inversión y no se involucra en el diario quehacer de la sociedad. Esta diferencia de roles es quizá la que genera el mayor número de enfrentamientos. Lo que sucede es que, por lo regular, el activo estima que el incremento del valor de la sociedad se da gracias a su esfuerzo. Con el tiempo, se convence a sí mismo de que el accionista pasivo no contribuye al éxito. Comúnmente, el accionista activo olvida que la empresa nunca hubiera sido exitosa sin la aportación de capital del socio pasivo.

Quizá, lo que más agrava este tipo de relaciones es el hecho de que el accionista pasivo, justo por no estar involucrado en la operación, no hace el esfuerzo por conocer con regularidad los resultados de la empresa y por exigir información oportuna y veraz.

Comúnmente, cuando el accionista pasivo solicita información detallada sobre la sociedad sin haber acostumbrado desde su inicio al socio activo a rendirla, resulta tardío porque (i) o bien ya existe una serie de prácticas indebidas en la operación y administración de la empresa; (ii) el accionista activo le da largas a la petición; (iii) presenta solo información parcial y alterada, o (iv) el accionista activo considera la petición de información como un agravio, por falta de confianza. En estos casos, el enfrentamiento es inevitable.

El socio pasivo o inversionista debe acordar con claridad, con el accionista activo, la diferencia compensatoria derivada del trabajo y del capital, es decir, hay que darle valor a la contribución que el activo aporta de forma adicional a la sociedad y compensarlo económicamente conforme a estándares de mercado de ejecutivos de alta dirección, y se le debe exigir también, con base en esos estándares y la rentabilidad del negocio reflejada en utilidades o generación de valor. Así, serán de mutuo beneficio los resultados obtenidos, una vez descontado el costo del trabajo realizado por el accionista activo.

Desde mi punto de vista, una persona interesada en formar parte de una sociedad, con la calidad de accionista pasivo, no debe hacerlo si no tiene el propósito de involucrarse, al menos, en el conocimiento de la administración de la empresa y darle un seguimiento efectivo, ya que el abuso del control por parte de los socios activos suele culminar en privilegios o en excesos que, al final, se traducen en rupturas de amistades, además de controversias legales.

En consecuencia, dado que generalmente el accionista pasivo es minoritario, este debe, desde el inicio, negociar e incluir en los

El accionista pasivo
debe negociar
e incluir en
los estatutos los
derechos especiales
de la minoría
y los mecanismos
de salida.

estatutos los derechos especiales de la minoría, así como los mecanismos de salida, en el caso de una desavenencia insuperable.

En otro orden de ideas, la confusión del rol de accionista y administrador se da en forma menos grave en las sociedades públicas (al menos en teoría). No es así en las sociedades privadas, donde es probablemente uno de los problemas más comunes y complejos a los que se enfrenta un accionista minoritario. Esto se deriva de una situación muy simple: un socio que, a su vez, es director general, se convierte en juez y parte.

Es común que la persona responsable de la operación de una empresa haya logrado una alta preparación profesional y el desarrollo de habilidades que lo elevan, precisamente, a su posición de mando. En consecuencia, se desenvuelve con naturalidad en un estado de autosuficiencia y, por qué no decirlo, en ocasiones, con un dejo de soberbia. Con frecuencia, un directivo, accionista mayoritario o presidente de un consejo de administración llega a adoptar esa postura cuando no se genera en la organización la cultura de aceptar cuestionamientos fundados, presentar resultados al escrutinio de los demás y, sobre todo, cuando se desestima el trabajo en equipo, se minimiza la calidad y los derechos de los demás socios.

No es nuestra tesis que un accionista o grupo de accionistas mayoritarios necesariamente se aíslen de la operación del negocio. No obstante, se requiere de mucha madurez empresarial, para que, de forma voluntaria, esos socios se sometan al escrutinio de consejeros independientes y de otros accionistas. Este tema lo trataremos más adelante con mayor profundidad.

CAPÍTULO 7

Partes relacionadas

La tendencia natural del ser humano es beneficiar a aquellos con los que se tiene una relación. Las sociedades, conforme acrecientan su capacidad económica, requieren de un mayor número de insumos, bienes y servicios para su operación. Es ahí donde accionistas con negocios o conexiones con proveedores buscan con frecuencia tomar el doble rol de socio y suministrador.

Cuando en una empresa se permite la realización de negocios personales con los accionistas (que, en general, forman parte del paquete mayoritario), es inevitable que surjan enfrentamientos con quienes no tengan esa posibilidad. Al privilegiar a un grupo, así como no aplicar sistemas de transparencia y políticas claras, los conflictos de intereses no tardan en exteriorizarse.

Para que una sociedad funcione de manera apropiada, debe existir una clara política de contratación de servicios o de insumos con las partes relacionadas. Desde mi punto de vista, es preferible evitar

Para que una sociedad funcione de manera apropiada, debe existir una clara política de contratación de servicios o de insumos con las partes relacionadas.

ese tipo de operaciones; no obstante, entiendo que, con frecuencia, algunos accionistas participan en la elaboración de partes, materiales, componentes o prestación de servicios que necesariamente son requeridos por la empresa. En este caso, se debe establecer una política que contemple cuando menos los siguientes puntos:

1. La obligación del accionista en cuanto a revelar el interés que tenga en cualquier negocio que se realice con la sociedad y en la que él tenga participación.
2. Establecer los procedimientos bajo los cuales se puede registrar a un socio como proveedor de la empresa.
3. Acordar el alcance del concepto «parte relacionada», ya que esta debe extenderse a los familiares del accionista, consejeros y directivos, hasta el grado que se determine.
4. Asegurar la obligación del socio de abstenerse de participar en los procesos de decisión de compra o en el proceso comercial dentro de la sociedad, así como de los bienes o servicios con los que tenga relación.
5. Contar con reglas claras y programas de control de calidad y cumplir con sus especificaciones.
6. Respetar el principio que impida deliberar y votar en cualquier asunto que tenga nexos con los bienes o servicios en los que tiene interés.
7. Realizar un estudio de precios de transferencia cuando así se requiera.

Uno de los principales enemigos del desarrollo institucional de una empresa es tolerar la creación y subsistencia de intereses creados, individuales o de grupo, entendiendo por esto cualquier conducta que, con fines de beneficio económico o concentración de poder dentro de la empresa, desvíe el interés colectivo hacia intereses personales.

En general, la alta dirección y el consejo de administración están absortos tanto en la operación diaria como en las funciones propias del consejo, con lo que dejan pasar, ignoran o simplemente no perciben los intereses que se crean dentro de la organización, ya sea por individuos, grupos o áreas de trabajo, muchas veces disfrazados de opciones cómodas que se convierten en prácticas nocivas consuetudinarias.

La permisividad en la participación de las partes relacionadas, como proveedores o clientes, en la operación diaria de una sociedad, incentiva la formación de grupos de poder que, consciente o inconscientemente, empiezan a proteger sus intereses particulares dentro de la misma organización.

No ignoro que existen otras razones para la creación de grupos de poder, lo cual veremos más adelante; sin embargo, la participación de partes relacionadas, sin contar con políticas, sistemas abiertos, rendición de cuentas y transparencia, origina, en el mediano o largo plazo, un enfrentamiento entre los accionistas.

CAPÍTULO 8

Conflicto de intereses

Es común que, por distintas causas, uno o algunos accionistas antepongan sus intereses personales sobre los de la sociedad, sin que necesariamente esto derive de negocios con las partes relacionadas. Esto es, quizá, una de las situaciones más difíciles de identificar y resolver, puesto que la línea divisoria entre el propósito colectivo y el de los socios suele confundirse.

Un ejemplo sencillo se da cuando se enfrenta la decisión de crecimiento y de reinversión contra la necesidad de decretar dividendos. En un sentido, los retos exógenos que enfrenta la sociedad, sobre todo por la competencia y las condiciones del mercado, obligan a aplicar utilidades y reservas o, incluso, requerir capital o financiamiento para proyectos que garanticen su continuidad. Y, por otra parte, el accionista espera un rendimiento líquido sobre sus acciones que le permita un ingreso para cubrir sus necesidades de vida, lo cual se da, principalmente, (1) cuando no se tiene una remuneración permanente por un trabajo desarrollado en la organización, (2) no se cuenta con suficientes recursos de capital, o (3) de otros ingresos por fuentes distintas.

Con frecuencia, la inclusión de familiares de los accionistas como empleados en una sociedad genera situaciones cotidianas que, por la naturaleza humana, originan diferencias de muy distinta índole. Desde el estilo personal de trabajar hasta la discordante visión en la estrategia de los negocios, esto enciende discusiones que pueden con facilidad cargarse de un alto ingrediente emocional y en las cuales, de forma natural, el accionista familiar estará inclinado a apoyar a los directivos ligados a él.

La incursión de familiares de los socios en la operación de la sociedad, ya sea en forma directa, como proveedor o cliente, requiere de madurez empresarial, solidez de principios y valores, así como claridad en políticas consensuadas y aprobadas que permitan una evaluación objetiva del participante. La falta de aplicación efectiva de medidas de remediación convierte las relaciones interpersonales en un campo fértil para que los sentimientos y la apreciación subjetiva se impongan.

En la práctica, y con mucha frecuencia, cuando tardíamente se trata de medir los resultados sobre la actuación de los funcionarios emparentados con los accionistas, esta necesaria política no implementada con antelación acaba siendo la causa del rompimiento de las buenas relaciones entre quienes han sido socios por muchos años. Los intereses creados por los nuevos participantes, en general una segunda o tercera generación, sustentados en un compromiso familiar, terminan envolviendo a los accionistas originales en una posición emocional en extremo comprometida y difícil. Lo más grave es que, en la mayoría de las ocasiones, hasta los parientes políticos y los cónyuges se involucran.

En consecuencia, la medición de resultados de las partes relacionadas es una práctica que debe establecerse desde el primer momento del ingreso de una persona con esas condiciones de relación familiar.

En diversas ocasiones, he cuestionado a algunos empresarios participantes en sociedades familiares sobre su concepción de las mismas y, en general, expresan la importancia de conservar las relaciones con

La incursión
de familiares
en la operación
de la sociedad
requiere de madurez
empresarial,
solidez de principios
y valores.

los parientes en la rutina del diario quehacer. Invariablemente, les pido que reflexionen sobre la importancia de separar la relación familiar de la de trabajo (para conservar esa relación familiar). Para ello, es importante hacerse una sencilla pregunta: ¿continuaría yo siendo socio de un pariente si no tuviera una liga familiar con él? Muchas veces, la respuesta es «si no fuera mi familiar, no sería su socio».

Se concluye que, con frecuencia, la relación de parentesco impide un diálogo abierto y sincero entre los socios cuando está de por medio la emoción afectiva. Eso, lejos de ser beneficioso, provoca la acumulación de sentimientos negativos y reclamos no externados que, en el momento menos esperado, estallan en un irremediable conflicto.

Dentro de la complejidad de las relaciones humanas, la mejor respuesta es tratar a los familiares en el trabajo con el mismo respeto, asertividad y sinceridad con la que debe tratarse a aquellos que no son parientes y, preferentemente, dejar que la evaluación del desarrollo profesional de los miembros de la familia que participen en la empresa se ejecute por una entidad independiente o por los consejeros independientes de la sociedad. Esta práctica de análisis objetivo es vital para la empresa familiar.

También es natural que algún accionista prefiera apoyar a clientes o proveedores con quienes de alguna forma tiene relaciones de parentesco o comerciales en otros negocios. Obviamente, la influencia en este tipo de situaciones dependerá del grado de participación que el accionista tenga en la sociedad. Esta fuente de conflicto será más o menos grave dependiendo de si los negocios que se realicen con un cliente o proveedor con estas características, son o no privilegiados en comparación con sus competidores.

Otro error recurrente en la conformación de asociaciones de negocios lo constituye el acuerdo por cuotas en la nominación y designación de los funcionarios de alto nivel y de algunos roles en el consejo o en los comités. El principal conflicto de intereses se presenta porque dichas personas asumen compromisos con grupos de accionistas a quienes les son leales; por ende, anteponen los objetivos del grupo a los comunes. En asociaciones con empresas internacionales, los funcionarios de alto nivel designados por paquetes de socios están más interesados en seguir las órdenes o lineamientos de la casa matriz que los designó que en conservar una buena relación con sus compañeros de trabajo. Con frecuencia, los choques de la alta dirección son los ingredientes contaminantes que culminan en desacuerdos y enfrentamientos entre socios con capital transnacional.

Nuestra recomendación siempre ha sido que los funcionarios de alta dirección sean designados por el consenso de los accionistas o del consejo de administración. También es posible que un grupo de socios o consejeros se reserve el derecho de nominación, pero con el requisito de que esta sea aprobada por los demás socios o por el consejo de administración, según el caso. Por otra parte, es conveniente que cada grupo de socios o consejeros tenga el derecho de vetar o solicitar la remoción de algún directivo cuando este manifieste una conducta en la que los intereses de la empresa no estén por encima de los de carácter personal o del grupo que lo nominó. Desde luego, no se descarta la remoción por resultados no satisfactorios.

No podemos excluir, entre los conflictos de intereses, la eventual lucha por el poder. Es una cualidad y característica de los emprendedores y de los empresarios: la necesidad intrínseca de dirigir sus sueños y sus proyectos. Aquí, resulta indispensable que los accionistas activos tengan definidos con claridad los roles que tendrán en la sociedad, ya sea como directivos o miembros del consejo de administración. Por ello, destaco que deberán establecerse las condiciones bajo las cuales podrán darse cambios en los mandos o el establecimiento de funciones rotativas en este consejo.

Regularmente, cuando se trata de empresas familiares, las luchas de poder no se dan en la primera generación, sino en la segunda o tercera. Las participaciones de los accionistas en el capital se diluyen con el tiempo, amén de que ya no existe una figura de autoridad que concilie intereses; de ahí que resulta de extrema importancia contar con políticas claras en cuanto al involucramiento de familiares de socios en los puestos directivos, así como la previsión de medidas para remediar posibles conflictos.

CAPÍTULO 9

La autoridad en la sociedad

Otro aspecto importantísimo en la vida de una sociedad lo constituye la clara definición de quién ejerce la autoridad en ella. En este enfoque no me refiero necesariamente a los organismos formales de operación, sino a aquellas personas que tienen una influencia directa sobre el resto de los accionistas. En las sociedades familiares o en aquellas entre amigos, es muy común que una persona sea, en la práctica, quien ejerce la autoridad sobre todos los demás. Su liderazgo (o imposición) es tan determinante que no hay quien se atreva a discutir o contravenir sus órdenes. Aquí, aun cuando jurídicamente estemos hablando de una sociedad, en realidad se trata de un negocio en el que un grupo de socios solo tiene funciones de acompañamiento.

Conviene hacer un paréntesis y reflexionar sobre los problemas que se han suscitado en diversas sociedades, incluyendo las públicas, que incluso han llegado a concurso mercantil o a la bancarrota por contar con accionistas o consejeros sometidos al silencio o a la sumisión. Lamentablemente, en muchas empresas de cualquier índole, los miembros del consejo de administración son invitados por los accionistas que representan al grupo de control, lo que significa, desde luego, un gran honor y prestigio curricular el pertenecer a esos órganos colegiados. En este caso, no me refiero a los consejeros independientes (a los que haré mención más adelante), sino a aquellos a quienes se invita para apoyar de manera incondicional a la dirección. Esos consejeros saben que si revisan con acuciosidad las presentaciones de los resultados o proyectos que puedan poner en riesgo a la empresa, ese será quizá el último año en el que sigan como invitados al consejo de administración. Esta indebida práctica de censura no solo se da en sociedades privadas o familiares, sino que también es frecuente en empresas públicas.

La situación antes mencionada genera necesariamente una desavenencia con los accionistas minoritarios o los consejeros designados por ellos. Cuando las personas que tienen esa influencia sobre los demás socios fallecen o se retiran de la operación de la sociedad, el vacío de poder se manifiesta con la ausencia de estas personas. Este hecho hace surgir ambiciones y sentimientos acumulados en el tiempo, lo que lleva a un reacomodo de poder que puede ser por vías de negociación o conflictos de carácter legal.

En estos casos, aquellos accionistas que estén situados en la posición mayoritaria o de control son quienes tienen la responsabilidad de tomar medidas para prevenir la natural lucha de poder que surgirá con su muerte. De ahí que, ya sea en vida o mediante provisiones estatutarias, para ser aplicadas en su ausencia, es imperativo que se establezcan los derechos y obligaciones de los socios y la fórmula institucional de gobernanza en la sociedad.

En el desarrollo de mi práctica profesional, he llegado a la conclusión de que la mayor parte de los líderes de empresas familiares no preparan a quienes serán sus sucesores y futuros socios para el natural cambio de mandos que se dará cuando falten. Pensar en la muerte es algo que no está en la agenda del emprendedor y, desafortunadamente, no se planean con tiempo los mecanismos de sucesión

La transmisión de mandos no debe ser un suceso fortuito e imprevisto, sino un evento planeado como parte de la transición generacional y la evolución de la empresa.

en la dirección y liderazgo de su empresa. La transmisión de mandos no debe ser un suceso fortuito e imprevisto, sino un evento planeado o programado como parte de la permanente transición generacional humana y la evolución de la empresa.

Cuando estamos en el supuesto de las figuras autoritarias en una sociedad, en general encontramos que estas personas permiten que se desarrollen ciertos vicios en la administración, en donde los perjudicados acaban siendo el grupo minoritario de accionistas. Apreciamos que, al no tener la obligación de informar periódicamente sobre los resultados, o cuando simplemente los socios pasivos no lo exigen, se empieza a usar el dinero disponible como una caja chica propia para cubrir necesidades inminentes y temporales, lo que acaba convirtiendo una excepción en regla. El accionista que ejerce en la práctica la autoridad empieza a tomar como suya a la empresa, disponiendo de manera arbitraria del circulante y otorgando algunas prestaciones como si se tratara de un único dueño.

No es raro ver a algunos socios o a sus hijos acudir a la empresa solo a retirar dinero.

Más adelante entraremos con mayor detalle, pero, en términos generales, es indispensable que, en una sociedad, se cuente con líneas formales de autoridad y se evite a toda costa que una persona o un pequeño grupo de personas haga uso discrecional de sus facultades en la administración.

CAPÍTULO 10

Control interno y rendición de cuentas

Este es, quizá, uno de los aspectos más descuidados en las sociedades. Entraremos primero al tema de control interno, que implica el establecimiento de funciones específicas de revisión basadas en las políticas de la empresa, que determinan los pasos que deben seguirse en las operaciones que son vulnerables y que, por tanto, no pueden delegarse al criterio o al manejo exclusivo de una persona. Incluso, en el concepto de control interno, debemos incorporar los límites que determinan la discrecionalidad en cada función mediante reglas que pueden evaluarse de forma objetiva y tangible.

Desde luego, el tema técnico del control interno es extremadamente amplio y de detalle, pues cada sociedad debe identificar sus principales áreas de riesgo tanto en tareas operativas como financieras, por lo que, para evitar desavenencias entre los socios y sus consejeros, el control interno —soportado por políticas claras, metodologías probadas y programas de trabajo en la auditoría financiera y operativa— resulta indispensable y es una herramienta para cultivar la confianza.

El control interno no solo evita confrontaciones entre los accionistas, sino que constituye una función fundamental para la prevención del fraude, abuso de confianza y abuso de poder. Por otra parte permite, además, la detección oportuna de ineficiencias operativas. Aun cuando la mayor parte de las sociedades pequeñas o medianas cuentan con algún mecanismo de control interno, con mucha frecuencia se realiza en forma empírica y no se ajusta a los estándares normativos porque se ve como un gasto y no como una inversión.

El tema del control interno está íntimamente relacionado con la rendición de cuentas. La gran paradoja en las sociedades consiste en que el directivo, consejero o accionista mayoritario adopta actitudes defensivas. Incluso, reacciona de manera emocional como ofendido cuando esta se le solicita. En general, la reacción es ver tal petición como un signo de desconfianza.

La rendición de cuentas debe adoptarse como una cultura dentro de la sociedad. Por algo el famoso refrán reza: «Cuentas claras, amistades largas». En este caso, podemos decir: «Cuentas claras, sociedades largas».

Este apotegma tan utilizado por los mexicanos, que podría elevarse a la categoría de máxima en los negocios, resume en muy pocas palabras no solo una necesidad, sino una conveniencia. La cultura de rendición de cuentas en una sociedad hace posible que todos los actores, en sus diferentes niveles, compartan información, validen las decisiones tomadas o por tomar y alineen objetivos, misión y visión de futuro.

Rendir cuentas es el deber ser. Verlo de otra forma o como un signo de desconfianza no es otra cosa que evadir una responsabilidad. La presentación ordenada y metódica de información financiera, así como eventos relevantes, es el mejor signo de profesionalismo y madurez.

El tema del control interno está íntimamente relacionado con la rendición de cuentas.

Resumido en forma práctica, si comparáramos la rendición de cuentas en una sociedad con un individuo, esta se sintetizaría en el pleno conocimiento e información de lo que está sucediendo y lo que está por venir. Difícilmente se podrán conseguir, en una sociedad, procesos de decisión con conocimiento de causa y congruencia sin un apropiado y desarrollado sistema de control interno de rendición de cuentas. Tener un problema no es grave. Lo grave es ocultarlo.

Puedo afirmar, sin temor a equivocarme, que una buena parte de las causas generadoras del fracaso de una empresa deriva de la falta de atención oportuna de problemas operativos, financieros o de mercado, que son ocultados por la dirección y, por qué no decirlo, por el consejo de administración, cuyos miembros lo hacen por diversas causas, llegando al extremo de alterar (maquillar) los estados financieros para presentar un balance y resultados que simulan una situación financiera muy distinta a la realidad.

Otro error muy común es incentivar a la alta dirección por los resultados obtenidos y no auditar adecuadamente los estados financieros presentados por ella.

CAPÍTULO 11

Asambleas de accionistas

Como ya mencionamos, la máxima autoridad en una sociedad la constituye la asamblea de accionistas. Reconociendo que este órgano colegiado no tiene, en principio, funciones operativas, es la encargada de evaluar el desempeño del órgano responsable de la administración a través de su asamblea anual, y de tomar ciertas decisiones que, por su trascendencia, únicamente los accionistas pueden hacer.

Lamentablemente, siendo este evento el más importante para una sociedad, un gran porcentaje de ellas no cumple con la exigencia legal —que también es una necesidad orgánica— de celebrar, cuando menos, una asamblea ordinaria anual durante los primeros cuatro meses de cada ejercicio social.

Distingamos que los accionistas pueden reunirse en forma ordinaria o extraordinaria y lo que califica la naturaleza de la asamblea es el tipo de asuntos que vayan a tratarse. En estas reflexiones no considero importante exponer las cualidades o requisitos técnicos para cada una de las asambleas, pues estos están contenidos en la legislación de la materia y según el tipo de sociedad de la que se trate.

El enfoque que daremos es el mismo que se refiere al objetivo de esta propuesta y que se orienta, fundamentalmente, a la importancia de que cada accionista en lo individual se involucre en la vida de la sociedad.

Tradicionalmente, en las asambleas anuales se tratan en la orden del día los puntos contenidos en la Ley de Sociedades Mercantiles que, debemos destacar, se refieren a la información mínima que debe presentarse. En esa tesitura, la administración se concreta a presentar un informe donde se narran de forma superficial los sucesos del ejercicio anterior; se mencionan algunos puntos relevantes, se procura transmitir las buenas noticias y se evade comunicar las malas. Y cuando se presentan estas últimas, se habla escuetamente sobre las medidas que se están tomando. Con posterioridad, se procede a informar sobre el estado de posición financiera que, según el tamaño de la empresa, debe ser auditado y, en otros, solo se muestran los resultados en forma simplificada. No se profundiza en las notas de los auditores, puesto que ahí la administración espera que el accionista descubra por sí mismo el significado y alcance de dichas notas.

Para concluir, se pasa a la propuesta de aplicación de resultados, a la designación del consejo de administración o administrador único y comisario o comité de auditoría, según el caso, y otros comités de acuerdo con la naturaleza de la sociedad y las exigencias de la ley que la regulen. Por último, los acuerdos relativos a la formalización de la asamblea.

Algo que he notado en las diversas asambleas en las que he participado (en algunas de ellas con accionistas disidentes) es que el grupo mayoritario tiende a ocultar la información, a exponer verdades a medias y, a su vez, simplemente restringirle o negarle la palabra a los socios minoritarios.

Una permanente fuente de conflicto la constituye la negativa a presentar formal y anualmente la información a los accionistas, así como a estar preparado para ampliar y explicar todas aquellas situaciones o partidas que requieran un análisis más profundo. De entrada, el presidente de la asamblea que, por lo general, es el presidente del consejo de administración, es reacio a ser cuestionado y sujeto al escrutinio de los socios, sobre todo si estos representan grupos minoritarios, pues por lo regular el presidente tiene el respaldo de la mayoría.

Con frecuencia, los cuestionamientos de los accionistas minoritarios están relacionados con excesos en gastos de administración, operaciones con partes relacionadas, cuestionamientos sobre la utilidad de operación y análisis comparativos con gastos de administración y costos de operación en negocios similares, entre otras cuestiones.

Lo dicho tiene una explicación porque, lamentablemente, no es excepcional que el grupo mayoritario o de control goce de ciertas canonjías o privilegios como deducción de gastos o ingresos adicionales en su propio beneficio, mermando las utilidades y, en consecuencia, los resultados y creación de valor en la empresa.

En general, las sociedades que no realizan cada año sus asambleas de accionistas caen en el vicio de ocultar información o alterar los resultados, cuestión que, en el corto o mediano plazo, acaba generando diferencias serias con los socios minoritarios.

Dentro de las recomendaciones para las sanas prácticas en la gestión de las sociedades, se enfatiza la celebración de asambleas con la regularidad debida y, sobre todo, presentando a los socios información amplia y veraz, que va incluso más allá de la exigida por la ley. La asamblea se convierte en un ejercicio de análisis, escrutinio y detección de fortalezas y debilidades, además de servir para que el accionista tenga una visión clara del rumbo y futuro de la sociedad.

En las sociedades más avanzadas e innovadoras, no solamente se somete a la asamblea anual la aprobación del informe del consejo de administración y el informe financiero. Se incluyen también asuntos de trascendencia tales como la presentación y ratificación del presupuesto anual propuesto y aprobado por el consejo. Además, se presentan los informes de los principales comités del consejo de administración. Un signo de madurez es que se sometan a consideración de la asamblea los planes estratégicos y proyecciones a

La asamblea es también un ejercicio de análisis, escrutinio y detección de las fortalezas y debilidades de la sociedad.

tres, cinco o diez años. Dependiendo de las políticas adoptadas, se analizan sus avances y se acuerdan ajustes, según las circunstancias lo exijan.

Cuando el accionista siente la confianza para consultar, preguntar a través del conducto apropiado (que es el presidente del consejo de administración) y para participar activamente en su asamblea, es más difícil que surjan situaciones de conflicto, pues al estar abiertos los canales de comunicación, en muchas ocasiones, sus dudas o cuestionamientos se resuelven de manera informal, a través de un diálogo llano.

Estoy consciente de que esta propuesta de apertura da oportunidad a preguntas o intervenciones donde, aun cuando denoten ignorancia o necedad, la obligación de una respuesta es un pequeño precio comparado con la satisfacción que significa para el accionista ser debidamente atendido.

Conviene agregar que una sociedad con buenas prácticas presenta a sus accionistas la información que será analizada en la siguiente asamblea con suficiente oportunidad para que pueda ser revisada con antelación y, si es necesario, presentar las dudas que tenga durante esa reunión.

Es relevante la designación de un comisario o un comité de auditoría, que deberá recaer en una persona o grupo de reconocida honorabilidad y que, consecuentemente, genere confianza en los accionistas. Estos, en cualquier momento, podrán acudir a ellos —por escrito— para que les proporcionen información sobre los temas particulares que, dentro de la ley, puedan conocer y les sean informados durante las asambleas.

La experiencia nos ha demostrado que las sociedades en las que existe una amplia información y comunicación con los accionistas son significativamente menos proclives al surgimiento de conflictos.

CAPÍTULO 12

Administración eficiente

Para ubicarnos en el contexto de estas reflexiones, el concepto de administración, de acuerdo con los propósitos que buscamos puntualizar, es el que se refiere al área responsable de la gestión operativa y a la toma de decisiones en las actividades cotidianas de una empresa.

Es necesario precisar este concepto para los fines que me interesa exponer, puesto que, desde la perspectiva legal, la responsabilidad de la administración de una sociedad recae en el administrador único o en el consejo de administración, según sea el caso. Sin embargo, en la práctica, la tarea del manejo administrativo de una empresa se delega a un gerente general o director general conforme con la complejidad operativa de la entidad.

Concluyendo, refirámonos a la administración o administrador como la persona responsable de tomar las decisiones inherentes a la operación diaria de un negocio enmarcando su actuación en los lineamientos, facultades, responsabilidades y obligaciones determinadas por los estatutos de la sociedad, el consejo de administración o los accionistas, según sea el caso. La correcta administración de una sociedad conlleva al desarrollo diáfano y productivo de la actividad empresarial.

Independientemente de las herramientas tecnológicas, recursos humanos y demás activos materiales o intelectuales con los que cuenta el administrador (director o gerente) de una empresa y, por otra parte, asumiendo la capacidad profesional del responsable de dicha actividad, hay al menos cuatro supuestos indispensables que deben estar presentes para una administración eficiente:

1. La definición clara de las funciones, facultades, responsabilidades y obligaciones del gerente o director administrador.
2. El establecimiento de metas y objetivos a cumplir en el corto, mediano y largo plazo.
3. El establecimiento de un mecanismo apropiado para la rendición de cuentas, que comprenda el contenido de la información, la periodicidad con que debe ser presentada y la medición de los resultados de la empresa comparados con el presupuesto, objetivos y metas previamente establecidos.
4. La claridad en los procedimientos y políticas de control interno, la evaluación periódica del desempeño y la funcionalidad de las líneas de autoridad entre la dirección o la gerencia general con el consejo de administración o los accionistas.

Es conveniente reiterar que, cuando la figura del administrador se confunde con la de presidente de consejo de administración, se corre el riesgo de un permanente conflicto de intereses al recaer en la misma persona ambas funciones.

El rol simultáneo de operador y de presidente del consejo de administración —quien supuestamente evalúa su desempeño, analiza resultados, fija políticas y objetivos del administrador, entre otras facultades— es entendible en una sociedad que opera una pequeña o mediana empresa, en donde el accionista mayoritario funja también

La correcta administración de una sociedad conlleva al desarrollo diáfano y productivo de la actividad empresarial.

como gerente o director general. Sin embargo, en este caso, es indispensable que los accionistas minoritarios acuerden, desde un inicio, las normas, políticas, facultades y responsabilidades asignadas a esa función y así obtener una rendición de cuentas periódica acompañada de una administración transparente y confiable.

Uno de los puntos que sostengo como premisa para reducir conflictos entre accionistas se basa en la separación de las funciones de operación y revisión: actividades esenciales en una sociedad.

Revisar no es censurar ni criticar ni el resultado de la desconfianza. Debe entenderse como parte de un proceso que corrige oportunamente errores, detecta ineficiencias y es una herramienta para la mejora continua. También debe verse como trabajo en equipo.

En la medida en que la empresa y su organización crece, la autonomía en las actividades cotidianas del administrador resulta de primordial importancia y se requiere para la toma de decisiones en campo. Desde luego, siempre sujeta a las facultades, objetivos, planes de negocios y demás límites y lineamientos decretados por el consejo de administración o por los accionistas.

El gerente o director general de una empresa debe de tener muy claros los canales de comunicación hacia el consejo o los accionistas. Esto lo revisaremos, con más detalle, en otro apartado.

Se debe evitar una gestión administrativa basada en la opinión o consigna de un accionista o consejero representante de un paquete mayoritario, pues se perderá autonomía en la dirección y, evidentemente, se diluirá la responsabilidad de quien debe tomar la decisión en el caso de un error.

Por las razones antes expuestas, destacamos que el administrador, ya sea con rango de gerente o director general, es, sin duda, la persona clave para detectar, prevenir y tomar medidas apropiadas respecto de los potenciales conflictos y problemas que enfrenta la empresa a su cargo, no solo desde la perspectiva de los retos inherentes a su actividad propia, sino de los posibles enfrentamientos entre socios, consejeros, accionistas o sus familiares que participen en la administración.

Desde mi punto de vista, la función de dirigir una empresa en su operación no comprende solo la habilidad para conducir con éxito la actividad mercantil del negocio, sino, al mismo nivel, anticiparse a los problemas gestados o que puedan surgir por el desarrollo de relaciones interpersonales perniciosas, especialmente entre accionistas y consejeros.

CAPÍTULO 13

Consejo efectivo

En este apartado, nos ocuparemos de destacar la conveniencia e importancia de contar con un consejo de administración que cumpla adecuadamente con sus obligaciones y responsabilidades. Son innumerables los ejemplos de empresas públicas y privadas que han llegado al concurso mercantil, a la quiebra o a su disolución, aun cuando hayan contado con un consejo de administración compuesto por destacados empresarios o profesionistas experimentados.

Estos fracasos se originan, sobre todo, porque la mayor parte de los miembros del consejo son invitados a participar únicamente para ser comparsa, o bien para socializar en las reuniones orgánicas y complementar su acervo curricular. Estoy consciente de que esto último molestará a muchos, pero es una realidad. Sin generalizar, con frecuencia nos encontramos con consejeros que solo van a tomar café y galletas, así como a recibir su cheque por asistencia. Su única función es levantar la mano para aprobar las propuestas que presente la dirección, los comités o el presidente del consejo.

En la realidad, hoy en día la responsabilidad de los miembros del consejo de administración va mucho más allá de lo que la mayor parte de quienes participan tiene conocimiento. No es mi propósito ahondar sobre este aspecto; sin embargo, destaco que quien sea invitado a formar parte de un consejo de administración debe estar consciente de las responsabilidades mercantiles, civiles, fiscales e incluso penales en que se puede incurrir por un desempeño deficiente como consejero.

Además, es común que muchas empresas medianas o grandes cuenten con un consejo de administración, principalmente para satisfacer la necesidad de una imagen institucional o mejorar su calificación crediticia.

Hay que destacar que el consejo de administración actúa como un órgano cuyas funciones no son operativas. Además, los consejeros, en lo individual, no deben interferir en el manejo de la sociedad. La excepción consiste en la vigilancia del cumplimiento de acuerdos por parte del presidente y, en su caso, la asignación de tareas concretas determinadas por el propio consejo mediante la designación de delegados especiales.

Por otra parte, y solo para tenerlo presente, también resulta importante el rol de los comités designados por el consejo, tales como el de auditoría, finanzas, compensaciones, prácticas societarias, entre otros, en el entendido de que estos por lo general no tienen facultades decisorias en las áreas de especialización que atiendan, pues sus recomendaciones deben de ser sometidas a la aprobación del consejo de administración.

Adentrándonos en la materia, los accionistas deben estar conscientes de la importancia de contar con un consejo de administración que, de forma efectiva y eficiente, cumpla con la función de ser una herramienta para apoyar a la administración mediante la supervisión y control, aplicando mecanismos para su operación interna con una metodología de trabajo que permita, de forma ordenada, celebrar sus sesiones para analizar resultados; proponer planes de negocios y estrategias; designar funcionarios de la empresa y sus facultades; establecer políticas generales; revisar la medición del desempeño en las diversas áreas operativas de la organización; conocer los informes de los órganos de control interno; generar acuerdos para tareas específicas de corto, mediano y largo plazo; acordar, cuando sea necesario, medidas correctivas; formar comités especializados; tomar acción para reducir o eliminar potenciales conflictos de intereses y, en general, fomentar el desarrollo institucional de la sociedad.

Parece fácil lograr la operación apropiada del consejo de administración; sin embargo, en la práctica, obtener resultados óptimos requiere ineludiblemente la voluntad de los accionistas para delegar funciones y, sobre todo, para respetar las decisiones que este órgano colegiado tome. Cabe mencionar que la preparación profesional y la experiencia de los miembros del consejo de administración, así como el nivel de compromiso con el que actúen, son factores determinantes para contar con resultados positivos.

El desempeño de cada miembro de un consejo de administración está relacionado de manera directa con la conciencia que tenga de la responsabilidad adquirida. El consejero está obligado a conocer, de la forma más amplia posible, la operación de la sociedad, así como estar informado de las amenazas y oportunidades a las que se enfrenta la empresa, con el fin de aportar conocimiento y sus experiencias a los demás consejeros, a la dirección general y a los accionistas.

Un buen consejero no necesariamente es aquel que tiene las mejores respuestas, sino quien sabe hacer las mejores preguntas. Recordemos que el consejero de una sociedad no tiene funciones operativas y, en todo caso, gracias al análisis, experiencias y cuestionamientos de los consejeros, la dirección general puede innovar y corregir los diversos tópicos e informes relacionados con la marcha del negocio.

En el aspecto operativo, un consejo de administración es efectivo cuando desarrolla una metodología apropiada para su

El desempeño de cada miembro de un consejo de administración está relacionado de manera directa con la conciencia que tenga de la responsabilidad adquirida.

funcionamiento. De ahí que fijar un calendario de sesiones, desarrollar una orden del día con el contenido de los puntos a tratar, tener una agenda adecuada al giro del negocio, dar seguimiento a los asuntos pendientes, establecer la periodicidad para analizar asuntos recurrentes, analizar y aprobar presupuestos y planes de negocios, establecer políticas y procedimientos en las áreas relevantes del negocio, acordar sistemas de control interno confiables, así como dar el debido cumplimiento, designar los comités necesarios para tareas específicas, designar y remover apoderados, analizar y resolver sobre temas relacionados la planeación a corto, mediano y largo plazo y, en resumen, colaborar con la dirección general para contar con una óptima estructura humana, material y tecnológica, son actividades necesarias para responder a los retos permanentes que se presentan en el mundo de los negocios.

En el papel, lo expresado en el párrafo anterior parece ser relativamente simple. No obstante, en la práctica, lograr el funcionamiento de un consejo efectivo requiere de perseverancia, liderazgo y disposición para evolucionar de forma permanente.

Los consejos de administración deben adaptarse a las condiciones particulares de cada negocio, atendiendo a diversos factores, como si se trata de una empresa privada o familiar; si es una empresa pública, según las regulaciones propias a su giro; si comprende actividades industriales, comerciales, financieras, de servicios o alguna combinación de las anteriores. Del mismo modo, sin importar que sea una empresa mediana o grande, de alcance nacional o multinacional, es necesario identificar fortalezas y debilidades, así como las tendencias del consumidor y, finalmente, adecuar el número de consejeros para operar con efectividad.

CAPÍTULO 14

Consejeros independientes

En las últimas décadas, y conforme han evolucionado los negocios, se ha desarrollado el concepto del consejero independiente, quien, en términos generales, es una persona no relacionada con la sociedad, es decir, que no sea accionista, proveedor, cliente o tenga intereses en forma directa o indirecta dentro de la empresa; que no tenga relación con la competencia y que no sea familiar de algún accionista relevante dentro de la sociedad. Desde luego, otras cualidades importantes implican su capacidad profesional, su prestigio y la aportación de conocimientos útiles para la empresa, así como compartir las experiencias profesionales en áreas especializadas o a nivel general, sin dejar de presentar recomendaciones para ser considerados por el consejo o la dirección general.

En la actualidad, la obligación de designar consejeros independientes ha sido adoptada por la legislación mexicana, principalmente para fungir en sociedades públicas y entidades financieras. Además de la importancia de cumplir con los requisitos y obligaciones que la ley impone para la designación de consejeros independientes, es oportuno entender por qué se ha desarrollado esta figura y cuál es el valor agregado que se aporta a las empresas que cuentan con ellos.

Además de su contribución ordinaria, el consejero independiente tiene como propósito fundamental participar en el análisis y, en su momento, influir en recomendaciones o decisiones en asuntos que, por su naturaleza, pudieran generar o contener conflictos de intereses y así tratar de evitar sus consecuencias. Por ello, los comités de auditoría, de prácticas societarias, de compensaciones, de finanzas, de crédito o algunos otros de importancia trascendente para la sociedad, deben contar, para estas funciones, con la mayoría de consejeros independientes y, en cualquier otro, cuando menos con la participación de uno o algunos de ellos.

El principal problema práctico que se presenta en la designación del consejero independiente es que las personas que ocupan estos cargos son nominados y aprobados por los accionistas tenedores del paquete mayoritario en la sociedad, lo cual por definición resta autonomía a los designados, pues de entrada ya existe cierto compromiso con aquellos que los hayan invitado.

Considero que el concepto de consejero independiente está en proceso de evolución. Aún deben implementarse algunos procedimientos para lograr la verdadera libertad de criterio en esta categoría de consejeros. Como opción, es recomendable la designación de un comité de nominaciones en la que participen, al menos, accionistas que representen las dos terceras partes del capital de la sociedad. Esto con el propósito de que el consejero independiente que se invite sea aprobado por una mayoría calificada y no solo por una mayoría simple. Recordemos que los consejeros designados por las minorías en una sociedad, en ejercicio del derecho que les confiere la ley, no tienen calidad de independientes.

Por otra parte, es recomendable que el consejero independiente sea nombrado por un periodo específico, que puede ser renovado cuando la mayoría que lo designó así lo estime conveniente.

También deberá acordarse que para su remoción antes del término previsto sea necesario, por igual, el voto de una mayoría calificada. Finalmente, la invitación a participar como consejero independiente debe transmitir con claridad, a la persona propuesta, el hecho de que su designación es el resultado de un consenso mayoritario calificado y no la decisión de un grupo particular de accionistas.

Lo comentado en los últimos párrafos tiene mucha relevancia puesto que, en mi experiencia y en la práctica, he encontrado que los consejeros independientes se designan ya sea para cumplir un requisito legal o para integrar a algunas personas no relacionadas con la empresa. Sin embargo, cuando estos consejeros pretenden actuar con verdadera libertad, dar abiertamente su opinión o incluso votar en contra de propuestas para aprobar proyectos de alto riesgo, estados financieros defectuosos u operaciones de dudosa legalidad, son apartados de su puesto y sustituidos por otro que puede ser controlado por el paquete de accionistas mayoritario.

Desafortunadamente, la precaria cultura de la legalidad, de respeto a las normas y, por qué no decirlo, la crisis de valores que nos afecta en general, nos lleva a percibir las posturas críticas fundamentadas o la disidencia razonada como una ofensa o un reto hacia la autoridad. Sin llegar al extremo de entrar en discusiones absurdas o en confrontaciones, la aportación de una persona que cuestiona con sustento y argumentos sólidos una propuesta, lejos de ocasionar un daño, puede ser el detonante para evitar que se cometa un error, prácticas indebidas o para contribuir en la toma de medidas necesarias y así mejorar la calidad de los proyectos o sus procesos de ejecución.

Resulta claro que, en términos generales, el administrador, los consejeros y los accionistas buscan lo mejor para la sociedad; por ello, en la complejidad del mundo actual, ante la necesidad de conocimientos multidisciplinarios a considerar en los procesos de toma de decisiones, la participación de los consejeros en los temas trascendentales de las empresas modernas resulta indispensable para la continuidad y la evolución de los negocios. Un miembro de un consejo de administración debe estar alerta para contribuir, sin importar que

La presencia de los consejeros independientes en el órgano de administración es cada día más necesaria y relevante para el buen desarrollo de los negocios.

para ello sea necesario debatir, buscando siempre, de forma constructiva, fortalecer o descartar las premisas bajo las cuales se tomará un acuerdo sustancial para el futuro del negocio.

La presencia de los consejeros independientes en el órgano de administración es cada día más necesaria y relevante para el buen desarrollo de los negocios. Profesionalizar el consejo de administración es una exigencia dentro de las sociedades actuales. La complejidad de nuestras relaciones humanas, la evolución tecnológica, la nueva dinámica en las comunicaciones, la aparición de nuevos productos y servicios y, en general, las amenazas y oportunidades que se presentan por la continua transformación de estos nuevos productos y servicios en el mercado, hace imposible que una sola persona pueda abarcar, tanto por razones de tiempo como de conocimiento, la información, regulaciones, condiciones de consumo, oferta, tendencias de productos, servicios y, en fin, toda la demanda de atención cotidiana indispensable para la supervivencia de las empresas.

CAPÍTULO 15

Secretaría neutral

Entre los cargos de los integrantes del consejo de administración, hay uno que es indispensable para su operatividad. Me refiero a la secretaría del consejo de administración, que recae en la persona responsable de cubrir los aspectos legales y de forma para el funcionamiento del consejo. En términos generales, el secretario del consejo de administración es el encargado de llevar los registros y constancias requeridos legalmente en los libros de actas, registro de accionistas, variaciones de capital y conservar los demás documentos que sean concernientes para resguardar la memoria de las actividades realizadas tanto por este órgano de administración como por los accionistas.

Uno de los principales problemas a los que se enfrentan los accionistas de una sociedad se presenta cuando quieren hacer valer sus derechos ante alguna autoridad. En la práctica, como lo hemos mencionado, la mayor parte de las sociedades mercantiles en México no lleva apropiadamente los libros corporativos e, incluso, ni siquiera emiten las acciones o títulos representativos de la tenencia de los socios en el capital de la sociedad.

La carencia de documentación y la informalidad propician el agravamiento de las diferencias, pues sitúan a los socios mayoritarios en posiciones más ventajosas al momento de iniciar un proceso judicial.

Es sabido que, en múltiples ocasiones, la posibilidad de que un enfrentamiento tome una dimensión mayor lo provoca el hecho, quizá subjetivo, de que una de las partes se sienta en posición de superioridad frente a la otra. Aún más, el margen de negociación se reduce cuando una o algunas de las partes tienen manifiestamente ventajas legales o patrimoniales sobre las otras.

En una empresa que funciona de manera institucional, el orden en los libros corporativos, aunado al cumplimiento de las formalidades que, a su vez, reflejan el respeto a los accionistas y a los consejeros, reduce de forma notoria los conflictos internos. El trabajo del secretario del consejo de administración no solo debe centrarse en el cumplimiento de las formalidades que establezca la ley y los estatutos de la sociedad, sino también en fomentar la celebración de juntas de consejo y asambleas de socios, en las que, de forma metódica, fluya ampliamente la información necesaria para la adecuada toma de decisiones.

Aun cuando pudiera resultar tedioso, es importante atender las solicitudes de información, dudas y cuestionamientos presentados de buena fe para tener un mejor conocimiento de causa por parte de los consejeros y accionistas. Como lo hemos señalado, la falta de transparencia, rendición de cuentas y oportunidad en la presentación de la información a los consejeros y accionistas es campo fértil para hacer brotar malentendidos, errores de comunicación por información insuficiente e interpretaciones lesivas para las relaciones humanas.

La autoridad que ejerza el secretario del consejo de administración para cumplir con orden, respeto y disciplina de negocios las juntas de consejo y las asambleas de accionistas, marca la

En una empresa que funciona de manera institucional, el orden en los libros corporativos y el cumplimiento de las formalidades reducen de forma notoria los conflictos internos.

diferencia entre una sociedad madura y una con mayores riesgos de conflictos internos.

En diversas ocasiones, he sugerido a empresarios o socios de un negocio la designación de un secretario del consejo que, sin tener la calidad de consejero, sea quien se encargue de actuar de forma neutral y ser el catalizador que se ocupe de detectar posibles conflictos entre consejeros o accionistas, así como para mediar cuando estos se manifiesten. Los compromisos de esta secretaría neutral son principalmente los siguientes:

1. Actuar con imparcialidad frente a todos los socios.
2. Ser designado o removido por una mayoría calificada.
3. Llevar adecuadamente los libros corporativos y vigilar la emisión y registro de títulos de acciones o partes sociales.
4. Atender las peticiones de los socios y consejeros que estén ajustadas a la legislación o a los estatutos.
5. Apoyar al presidente del consejo, en todas las asambleas, en el correcto seguimiento de la orden del día.
6. Elaborar las actas del consejo de administración y asambleas de accionistas.
7. Recomendar medidas que tiendan a atenuar posibles conflictos de intereses.
8. Asegurarse del correcto funcionamiento e información oportuna por parte de los órganos de control interno.
9. Actuar como mediador en casos de conflictos internos en la sociedad.
10. Abstenerse de representar a cualquier parte relacionada con la sociedad en un litigio.

Este concepto de neutralidad permite generar una confianza permanente en la secretaría de la sociedad, pues se establece una línea de comunicación que podrá siempre evitar o atenuar los potenciales conflictos que, en forma natural, se presentan en las sociedades mercantiles.

CAPÍTULO 16

Polarización y grupos de poder

Es conveniente mencionar este tema, pues el desarrollo de posturas encontradas y el posicionamiento de diferentes grupos de consejeros y accionistas no se dan por generación espontánea.

Usualmente, las posiciones extremas llegan cuando la falta de comunicación, la informalidad en los procesos societarios o los abusos prevalecen en el tiempo.

Es muy común que cuando dos o más personas tienen conflictos entre ellos —incluso por razones ajenas al negocio— empiecen a buscar la forma de molestarse mutuamente o de generar intriga para formar alianzas con otras personas dentro de la organización. La lucha por el poder o el control en la sociedad es la principal causa de este tipo de desencuentros.

Considero que es inevitable el surgimiento de estas situaciones cuando, por razones de sucesión o cambios no esperados en la estructura accionaria, surge un nuevo candidato a liderar la empresa. En la práctica, es muy difícil convencer a una persona o grupo de que se ubiquen en su realidad conforme a su posición accionaria. Lo más grave es que, en la mayor parte de los preceptos estatutarios, no existen fórmulas para la remediación de controversias o desacuerdos entre accionistas. No se proveen las alternativas de solución cuando surge la lucha por el control administrativo derivado de la posición accionaria o patrimonial en una sociedad.

Otro ingrediente que incide en el agravamiento de los conflictos entre socios lo constituye el factor emocional, que conlleva a sostener posturas por orgullo o razones de imagen, ya sea socialmente o frente a la familia. Y suelen ser no solo las personas, sino sus cónyuges o parientes cercanos quienes agravan el problema. Por ello, es muy recomendable que este tipo de eventos se manejen de la forma más reservada posible. Esto permitirá abrir la puerta a una negociación y al encuentro de soluciones en las que, con concesiones mutuas, se logren superar las diferencias.

Otro factor lo constituye la ineficiencia en la aplicación de la ley para proteger derechos de minorías, o bien la deficiencia normativa interna (estatutos y políticas), para que se cumplan las obligaciones dentro de las sociedades. Con ello se propicia el riesgo de los litigios y enfrentamientos prolongados entre socios. Me atrevo a decir que darle relevancia a la detección oportuna de las potenciales diferencias —que tengan como consecuencia la inclusión de normas, para solucionar controversias y mecanismos de salida justos que se encuentren en los estatutos o en convenios entre accionistas— son las medidas que, en la práctica, pueden atenuar o resolver los problemas generados por la polarización o el nacimiento de grupos de poder.

El factor emocional es otro ingrediente que puede agravar los conflictos entre socios, al sostener posturas por orgullo o razones de imagen.

CAPÍTULO 17

Accionista y acreedor

Un tema que no es muy recurrente, pero que conviene analizar puesto que genera problemas, no tanto por conductas, sino por los intereses encontrados que surgen y por sus propias consecuencias, es cuando se amalgama la cualidad de acreedor y de accionista en una sociedad.

El caso más común surge cuando uno o varios accionistas otorgan créditos a la sociedad por medio de contratos de mutuo o pagarés y su aportación se registra como pasivo. En la medida en que ese crédito sea cubierto, no se presentará problema alguno.

La situación de conflicto deviene cuando dicho crédito no se paga y el accionista se ve obligado a ejecutar su cobro. Aquí, con motivo del pago, se verá afectada su participación patrimonial en la sociedad como accionista conjuntamente con los demás socios que, en la suma total, es una situación perdedora. Conviene mencionar que este accionista estará impedido para deliberar y votar en cualquier asunto relativo a las posibles defensas que tenga la sociedad.

Se dan también situaciones que han surgido por falta de previsión: son las relacionadas con las inversiones temporales que se aportan como acciones en las Sociedades Anónimas Promotoras de Inversión dado que, cuando esto ocurre, las acciones que se emiten tienen derecho a un rendimiento mínimo fijo que es comparable a una tasa de interés. También, en general, se establece un valor de recompra a un precio determinado.

El problema surge cuando los fondos de inversión o inversionistas temporales establecen como condición la modificación de los estatutos, tanto para la designación de consejeros como para establecer reglas de mayorías especiales, en las que estos inversionistas deberán dar su aprobación para la toma de muy diversas decisiones trascendentes para la sociedad.

Estas provisiones estatutarias que exigen como condición los fondos de inversión o los inversionistas con participación temporal han resultado, en muchos casos, en obstáculos para la toma de decisiones de riesgo o para continuar con planes de inversión previstos cuando se presentan circunstancias adversas y que, a la postre, hacen imposible la obtención de los resultados esperados.

La principal razón por la que se pone en riesgo a la sociedad es porque los consejeros designados por estos fondos de inversión temporal racionalizan sus decisiones orientadas hacia su calidad de acreedor más que a la de accionista. Los conflictos necesariamente surgen cuando no se obtienen los rendimientos esperados y tampoco se logra que el valor pactado de recompra llegue a la expectativa prevista; aún más, el temor los lleva con frecuencia a vetar la ejecución de los programas de inversión, lo que llevará a la empresa a una situación todavía más complicada.

Otra situación que me ha tocado observar se presenta cuando las instituciones bancarias toman en garantía la unidad de negocio por créditos relevantes y asumen también participación en el consejo de administración, con facultades para vetar algunas o todas las decisiones del consejo de administración.

Observemos que se corre también el riesgo de que el consejero designado por el banco influya negativamente en la toma de decisiones

Cuando
una persona
o entidad vaya a
tomar el doble
carácter de acreedor
y accionista,
deben establecerse
con claridad las reglas
de su actuación.

que podrían mejorar los resultados de la sociedad al tomar ciertos riesgos de negocios, pero que, por el contrario, si no se aprueban, pueden empeorar su situación económica. En esto podría incluso generarse una responsabilidad por parte de la institución bancaria participante.

Mi recomendación es que, cuando una persona o entidad vaya a tomar el doble carácter de acreedor y accionista, así como participante en el consejo de administración, deben establecerse con claridad las reglas de su actuación para que estas no impidan la ejecución de los programas de inversión para los cuales se recibió el préstamo o capital temporal. Tratándose de acreedores externos o instituciones bancarias, recomiendo que no participen de forma simultánea en el consejo de administración. En todo caso, pueden tener la posibilidad de asistir a sus reuniones uno o varios observadores, con voz, pero sin voto.

En general, los socios de una empresa deben ser muy cuidadosos y estar debidamente asesorados para evitar que, como acreedor, pueda convertirse en un obstáculo para la operación de la sociedad haciéndose corresponsable del fracaso del negocio.

CAPÍTULO 18

Protocolo familiar

Con motivo de las diferencias e incluso serios enfrentamientos que han surgido en las empresas familiares, se ha desarrollado el concepto de «protocolo familiar», que no es otra cosa que un acuerdo con un sustento más orientado a lo moral que a lo legal. Su objetivo es establecer diversas reglas de comportamiento y compromiso entre los miembros de una familia que, a su vez, son accionistas de una empresa o grupo empresarial, buscando, con ello, establecer en mayor o menor grado las reglas que deben seguirse frente a diversas situaciones previstas en el protocolo.

No es mi propósito en este ensayo entrar en materia respecto del alcance, contenido o características que debe tener, puesto que su rango de aplicación depende tanto de la complejidad de los negocios como de las condiciones particulares de la familia accionista. Lo relevante es que un protocolo familiar es el resultado de un ejercicio con cada persona con interés accionario para encontrar las diversas

Un buen protocolo familiar concilia las diferentes posturas y encuentra soluciones mediadas para los eventos operativos o futuros previstos.

inquietudes, aspiraciones, preocupaciones y, en general, entender la visión de futuro que cada socio tiene dentro de la empresa. Un buen protocolo familiar concilia las diferentes posturas y encuentra soluciones mediadas para los eventos operativos o futuros previstos.

Durante la operación de una empresa, la aplicación de este protocolo resulta útil porque permite desarrollar un proceso de institucionalización e integración de la cultura empresarial entre los distintos accionistas, quienes, a su vez, tienen relaciones de parentesco. Asimismo, se establecen las reglas de convivencia en la empresa, así como su separación en las actividades propias de la vida en familia.

Aun cuando una empresa familiar cuente con su protocolo, debemos recalcar que ese documento por sí mismo no tiene fuerza legal y, por tal motivo, se mantiene vigente mientras subsista el patriarca o la matriarca en la familia. Recordemos que el protocolo familiar contiene una serie de reglas que imponen una obligación moral que, al no estar contenidas en los estatutos o en la ley, no pueden ser impuestas. Mi recomendación y la de los asesores serios en la materia es que, cuando se logra acordar un protocolo que rija las relaciones, así como ciertas obligaciones y derechos de los accionistas familiares, este se integre ya sea a los estatutos de la sociedad o en un convenio entre accionistas, sancionado por una asamblea general que permita su obligatoriedad y, sobre todo, la posibilidad de obtener el cumplimiento del mismo, si es necesario por la vía legal.

El protocolo familiar no debe ser solo un documento en el que idealmente se establezca una serie de postulados de carácter moral o de un mero contenido del deber ser. Los acuerdos que contengan obligaciones de carácter general deben contar con las herramientas para hacerlos obligatorios y al mismo tiempo llevarlos al mundo del derecho privado, para hacer exigible su cumplimiento.

En atención a lo observado es recomendable que, si ya se cuenta con un protocolo de esta naturaleza en la empresa o si se va a iniciar dicho proceso, se logre que el documento resultante (llámese protocolo familiar, convenio entre accionistas o cláusulas estatutarias) sea una auténtica herramienta que permita una clara y mejor relación entre los socios, los consejeros y los familiares accionistas durante su estancia como miembros activos de la sociedad. Asimismo, deberá contener mecanismos para solucionar controversias y fórmulas de salida como socio cuando ocurran desavenencias irreconciliables.

CAPÍTULO 19

La sucesión de mandos

Este es un tema que siempre me ha parecido de vital importancia para la adecuada subsistencia de una empresa. Desde luego, en los grupos empresariales o en las sociedades que se han consolidado a través de muchos años, sin dejar de ser un tema relevante, es un aspecto que suele estar previsto gracias a las experiencias vividas.

La historia empresarial nos relata múltiples ejemplos de conglomerados, sobre todo los controlados por familiares o grupos familiares, en los que el tema de sucesión en los mandos, en su mayoría el director general o la presidencia del consejo, se ha dado como resultado de un enfrentamiento abierto entre los parientes con mayor participación accionaria.

Es entendible que esta lucha se haya dado en el pasado, pues si hacemos memoria del desarrollo empresarial moderno en México, particularmente en las empresas que han logrado su crecimiento a nivel nacional o multinacional, los conflictos por sucesión han ocurrido en los últimos treinta y cincuenta años. Así es como entre 1970 y 1990 fue notorio el proceso evolutivo de muchas empresas mexicanas.

La preparación académica, el desarrollo de los mercados internacionales y la diversificación de productos y servicios; la impresionante explosión del manejo de datos gracias a las computadoras; la facilidad de comunicarse; el desarrollo de herramientas tecnológicas, así como el crecimiento demográfico, permitieron el crecimiento exponencial del mercado global y, definitivamente, el surgimiento de muy diversos retos de la actividad empresarial. Creo que el solo tema de la transformación que han vivido los negocios en los últimos cien años es digno de relatarse, pero ahora este no es el propósito. Lo he mencionado solo para despertar la reflexión de lo que ha sucedido, los retos que se han superado y, sobre todo, porque esto nos ayuda a situarnos en una postura de apertura total hacia los cambios que aún están por venir.

Recordemos que la empresa es una entidad colectiva cuyos intereses y obligaciones están por encima de los de los propios accionistas.

Cuando una organización logra tener cientos o miles de empleados y los productos o servicios que ofrece inciden en el desarrollo económico de un país o una región y, por qué no decirlo, globalmente, la atención tanto a la designación como a la evaluación del desempeño de los responsables de la dirección y planeación estratégica, entre otras áreas, se convierte en una actividad esencial.

Pero, volviendo al mundo de las empresas medianas o familiares, prever la sucesión de mandos es una responsabilidad que deben enfrentar el fundador y sus herederos. ¿Cómo planear el cambio de mando? No es una tarea simple. Por ello, en las empresas medianas o incluso en las grandes, cuando las posiciones patrimoniales de los socios están relativamente equilibradas, el apoyo profesional resulta imprescindible y debe resolverse casuísticamente adecuándose a las circunstancias de cada situación particular o familiar.

Es necesario hacer un paréntesis para adicionar una reflexión que se refiere al temor natural que tiene el liderazgo patriarcal y matriarcal

La empresa es una
entidad colectiva
cuyos intereses
y obligaciones están
por encima de
los de los propios
accionistas.

en una empresa familiar, para permitir que la siguiente generación las sustituya en un mando, comúnmente, casi absoluto. En general, este momento se pospone de modo indefinido y se genera una lucha interna entre los posibles sucesores.

Para estos casos, lo recomendable es definir el momento y el proceso del relevo, establecer una clara separación entre el desempeño en el trabajo por parte de los posibles sucesores y su futura o presente participación en el capital de la sociedad. Dependiendo del tamaño de la empresa, será necesario considerar un proceso de institucionalización, reglas claras en las funciones de cada participante e integrar mecanismos de salida para quienes no deseen seguir formando parte de la sociedad.

Es también recomendable que, en el proceso de transición, la persona que pretenda transmitir el mando gestione un proceso paulatino y programado para retirarse de la operación y establezca una disciplina de rendición de cuentas y análisis de los cambios propuestos por la siguiente generación, para que la adaptación a los nuevos sistemas de trabajo sea consensuada y obviamente benéfica para la empresa.

Además, en este tema existen muy diversas posturas. Hay quienes por política interna no permiten a familiares de los accionistas participar en la administración, y hay otros que lo hacen sujetos a determinadas reglas, pero desafortunada y comúnmente se permite la participación de personas emparentadas en la administración, sin que existan reglas claras. Al faltar alguno de los mandos de la generación dominante, surge discordia y la lucha de poder. Es inevitable, ante la falta de previsión, que cuando esto sucede los sentimientos, pasiones e intereses individuales —incluyendo cónyuges y parientes cercanos— se impongan a la razón y los valores superiores de la empresa.

No existe un remedio mágico para resolver impecablemente el tema de la sucesión de mandos, puesto que cada accionista, de forma natural y pensando en la protección de su patrimonio, buscará que sea su candidato o candidata quien ocupe una posición vacante. Para reducir las posibles inconformidades o que prevalezcan juicios subjetivos al momento de aplicar la sucesión en los puestos claves de las sociedades, es recomendable —y yo diría que imprescindible— contar con el apoyo de expertos independientes que, con base en una metodología aplicada, presenten a los accionistas la recomendación de la persona idónea para asumir el liderazgo.

Cabe aclarar que, cuando en una sociedad existe un accionista o grupo accionista mayoritario, será este quien resuelva sobre la ocupación de vacantes en la presidencia, en la designación del consejo de administración y en los puestos claves de dirección. Esto nos lleva a destacar la importancia de que los accionistas minoritarios, cuando representen un porcentaje importante, tengan las vías apropiadas para incidir en el caso de que la designación no sea beneficiosa para la empresa y, de no ser así, cualesquiera de ellos cuenten con la oportunidad de retirarse de la sociedad mediante mecanismos ya previstos que veremos a detalle más adelante.

CAPÍTULO 20

Líneas de comunicación interna

Este tema parece muy sencillo; sin embargo, es relevante para la salud operativa de una empresa y lo constituyen las líneas formales de autoridad, las claras funciones determinadas para cada puesto y los mecanismos de comunicación que deben regular su interacción.

Cuando en una empresa, los accionistas o los consejeros se inmiscuyen directamente en la operación proponiendo o dando órdenes al director general sin restricción alguna, lo único que generan es el caos, pues, en muchas ocasiones, las órdenes o directrices son contradictorias. En este caso, el director general quedará mal con alguno de los participantes.

Para analizar el tema de las líneas de autoridad, debemos tomar en cuenta los posibles canales de comunicación institucional dentro de la empresa. Desde el punto de vista formal, la asamblea, el consejo de administración, el director general, los demás directores de área, gerentes y empleados deben tener claras sus líneas de autoridad, funciones y responsabilidades a su cargo, paralelamente, con los canales de comunicación adecuados.

Continuando con el tema de formalidad en los órganos colegiados, como lo son la asamblea de socios, el consejo de administración o los comités, estos deben comunicarse de forma exclusiva a través de sus presidentes o, en todo caso, por conducto de los delegados especialmente designados para un tema particular.

Conviene reiterar que los accionistas, los consejeros y los miembros de comité, en lo individual, no tienen funciones dentro de la operación de las empresas y, por tal motivo, sus comunicaciones o peticiones deben hacerse a través de los órganos a los que pertenecen, para que, una vez logrados los acuerdos respectivos, se proceda a la implementación de las resoluciones acordadas.

En las sociedades encontraremos, entonces, comunicaciones entre los accionistas y el consejo; los accionistas con la dirección general; los consejeros con los accionistas; los consejeros con la dirección general; el director general con el consejo; el director general con los accionistas; el director general con sus subalternos y, finalmente, la comunicación interna de los diversos puestos dentro de la organización.

Observamos que existen muy diversas posibilidades en lo que respecta a la interacción entre las líneas de autoridad; por lo tanto, es necesario que queden establecidas con claridad, en un manual, las normas para la comunicación entre cada órgano o funcionario de la sociedad.

Una regla de oro consiste en que los accionistas y consejeros entiendan que no ejercen autoridad alguna en lo individual. Es indispensable aceptar que solamente por conducto del presidente de cada órgano es apropiado interactuar, así como vigilar la implementación y dar seguimiento a los acuerdos tomados.

Parece muy lógico y razonable que cada uno de nosotros entendamos, sin mayores formalidades, cuáles son nuestras funciones, nuestra autoridad y forma de comunicación dentro de la empresa. La realidad es muy diferente puesto que, en muchas ocasiones, la

Una regla de oro consiste en que los accionistas y consejeros entiendan que no ejercen autoridad alguna en lo individual.

informalidad, combinada con el deseo de ayudar, nos lleva a tratar de participar en decisiones que no corresponden a nuestra función y que únicamente generan un conflicto para el receptor.

Sin lugar a dudas, contar con un manual de comunicación interna dentro de la empresa contribuye a la reducción de conflictos.

CAPÍTULO 21

Controlando con dependencia económica

En otro orden de ideas, conviene tocar un tema que se da con mucha frecuencia en sociedades familiares o privadas. Me refiero a la práctica de manipular a los socios a través de hacer periódicas entregas de dinero con diferentes justificaciones. Algunas veces se hace mediante dividendos, otras utilizando mecanismos simulados de prestación de servicios o, por qué no mencionarlo, totalmente fuera de la ley.

Una forma de manifestar una postura paternalista y la manipulación de algunos accionistas (frecuente y lamentablemente cuando se trata de mujeres en la familia) es cuando se recurre a generar una dependencia mediante dádivas disfrazadas de participación en las utilidades. Este esquema propicia un grado tal de sumisión que los beneficiarios llegan al extremo de considerar tales entregas como un favor o, incluso, hasta como un gesto de generosidad del accionista controlador. Encontramos una íntima relación entre estas prácticas, así como (i) un pobre sistema de control interno y (ii) una precaria rendición de cuentas. La persona que sostiene su posición bajo este sistema, normalmente se lleva la mayor tajada del pastel.

Todo parece funcionar muy bien mientras haya dinero para repartir. La desavenencia aflora cuando la situación económica de la empresa los obliga a reducir estas dádivas que se han convertido ya en una obligación, según la percepción de los receptores. Para ese momento, ya se ha creado una práctica difícil de erradicar.

El accionista que recibe ingresos periódicos sin dar nada a cambio debe estar consciente de que quienes los proveen estarán disfrutando de mayores privilegios. En la práctica, los rompimientos son más graves y explosivos en la relación entre los socios cuando se suspende o elimina el hábito de la dádiva.

Históricamente, nos encontramos con el caso en el que los hombres de la familia han sido quienes manejan los negocios manteniendo a las mujeres alejadas de la administración mediante entregas frecuentes de dinero. Hoy en día, por lo general al faltar los padres, el problema se manifiesta en forma abrupta y cargada de ingredientes emocionales, pues las mujeres ya no están en las mismas condiciones de preparación educativa que hace veinte o treinta años atrás. Con decepción observamos que hay quienes operan los negocios y toman previsiones para dejar a las mujeres, o a ciertos miembros de la familia, fuera de una participación como socios.

Considero que ya estamos en tiempo de que se contemple igualdad de oportunidades para mujeres y hombres, especialmente en las empresas privadas o familiares. Es común encontrarnos con casos en que mujeres y accionistas no activos que forman parte de una familia viven una cruda realidad al momento de la sucesión de los bienes de sus padres.

Entre las principales razones por las cuales no se tocan o prevalecen estas costumbres, se incluyen la tradicional (pero anacrónica) postura de los padres para no revelar información a sus hijos; la

Los rompimientos son más graves y explosivos en la relación entre los socios cuando se suspende o elimina el hábito de la dádiva.

visión equivocada de que las acciones deben ser para los varones y compensar a las mujeres con otros bienes; el control emocional que ejercen los hombres responsables de los negocios sobre sus padres; el temor de las mujeres o de los accionistas no activos a represalias por llevar estos temas al núcleo familiar y, finalmente, la ambición que desarrollan los responsables de la conducción de las empresas familiares al sentir que ellos tienen mayores derechos por ser quienes lograron el éxito de los negocios.

Para evitar originar futuros enfrentamientos en la siguiente generación, es importante distinguir los beneficios que se obtengan por el trabajo desarrollado por alguno de los hijos y los derechos patrimoniales que se pueden tener como accionista. Desde luego, en este complejo tema no se puede generalizar, debe analizarse según las circunstancias; sin embargo, es un hecho que cuando los padres no enfrentan esta problemática en vida, previendo una sucesión equilibrada, solo heredarán problemas que a veces subsisten por generaciones.

En conclusión, el esquema de compra de voluntades debe erradicarse en las empresas familiares o privadas para que, en todo caso, se establezcan fórmulas transparentes y consensuadas, acompañadas de una relación formal, con conciencia de gestión institucional, lo que permitirá en su momento la sustitución ordenada de los accionistas y de los mandos y, sobre todo, evitar la destrucción de la familia por razones económicas.

CAPÍTULO 22

El socio no empático

Es necesario reconocer que, en algunas empresas, puede surgir una situación de conflicto derivada de la personalidad de algunos socios con participación minoritaria y que la fuente del conflicto no necesariamente se deriva de la actuación de los accionistas mayoritarios.

Recordemos que podemos terminar como socios en una empresa por razones hereditarias o por adquisición de paquetes, ya sean mayoritarios o minoritarios. No es extraño que algunos socios con relativa antigüedad dentro de la compañía conserven reclamos y agravios vividos con los accionistas o administraciones anteriores. El principal problema al que nos enfrentamos en situaciones como estas es que, desde el punto de vista legal, no existe una obligación del socio mayoritario para comprar ni una obligación del minoritario para vender y, aún más, generalmente no existe en la sociedad la previsión estatutaria referente a los mecanismos de salida.

Sabiendo que es un terreno poco explorado, considero procedente incluir en los estatutos disposiciones que permitan la exclusión de un

Podemos terminar
como socios en
una empresa por
razones hereditarias
o por adquisición
de paquetes, ya sean
mayoritarios
o minoritarios.

socio cuando su conducta manifiesta sea injuriosa o actúe en contra de los intereses de la sociedad. Al darse esta situación de exclusión, es importante que se predetermine una fórmula de valuación de las acciones que sea legalmente sustentable.

Desde un punto de vista práctico, el establecimiento de normas que generen una opción para la excusión de un socio, cuando su conducta afecte el sano desarrollo de las asambleas de accionistas o las juntas de consejo y, en general, al trato respetuoso y constructivo, crea la oportunidad de terminar la relación societaria. Considero que las disposiciones actuales de la Ley General de Sociedades Mercantiles permiten sustentar acciones, siempre y cuando estén previstas en los estatutos, para lograr la contención de conductas nocivas que afectan la sana relación interpersonal dentro de la sociedad.

CAPÍTULO 23

Asociaciones no lucrativas

Decidí incluir este tema porque un gran número de conflictos entre asociados se da en sociedades y asociaciones que no tienen un fin de lucro. Es sorprendente encontrarse con confrontaciones e incluso agresiones verbales y físicas entre los miembros de clubes sociales, asociaciones profesionales, de beneficencia y de naturaleza similar que, en teoría, se forman con fines de esparcimiento, para fomentar actividades profesionales o de apoyo social. La principal causa por la cual se suscitan conflictos internos en este tipo de organizaciones tiene su origen en el deseo de una persona o de un grupo, ya sea para lograr encabezar la entidad con fines de desarrollo personal o para obtener ciertas ventajas frente al resto de los asociados.

En las asociaciones o sociedades profesionales no lucrativas hay miembros que tienen como principal objetivo llegar a la presidencia para obtener una proyección política o posicionamiento social. También sucede cuando se manejan presupuestos importantes y no hay suficientes medidas de control interno. Por desgracia, algunas personas o grupos buscan de forma directa o indirecta beneficios económicos personales.

Una recomendación fundamental para evitar este tipo de conflictos es que se lleven con periodicidad elecciones para cambios de mando y que, en las mismas, se involucre como candidatos al menor número posible de asociados.

Cuando los cambios en los consejos directivos se manejan a través de planillas en donde existen un buen número de puestos, la división entre los socios, en cada periodo eleccionario, resulta notoria.

Es lógico que cualquier persona que acepte participar en un proceso de elección tiene el deseo de salir triunfante. Es en estas situaciones cuando inexplicablemente la postulación para una posición de servicio parece ser el de una lucha por el poder.

Todos hemos sido testigos de momentos críticos en este tipo de organizaciones no lucrativas. Para reducir el riesgo de conflictos, las principales recomendaciones son las siguientes:

1. Realizar elecciones en tiempos determinados.
2. Tener un sistema escalonado de cambios de mandos.
3. Votar, ya sea por el vicepresidente (futuro presidente) o por los consejeros, sustituyendo en forma individual y no con planillas.
4. Establecer requisitos y reglas claras tanto para participar como para el proceso de la elección.
5. Contar con un buen sistema de rendición de cuentas.
6. Contar con una sólida comisión de honor y justicia.

Es pertinente mencionar que, en muchas ocasiones, los conflictos entre personas en sus negocios lamentablemente trascienden a las asociaciones o clubes sociales a las que pertenecen; por tal motivo, los directivos deben estar atentos a las posibles controversias entre socios. En todo caso, debe quedar muy claro en las normas de comportamiento de las asociaciones que las diferencias personales de sus miembros no deben trascender a su convivencia dentro de las instalaciones de la asociación, y que dicha conducta será motivo de exclusión en caso de quedar demostrada.

Los conflictos entre personas trascienden a las asociaciones a las que pertenecen, por lo que los directivos deben estar atentos a las posibles controversias entre socios.

CAPÍTULO 24

Solución de controversias

Este tema resulta apasionante puesto que el espectro de opciones para encontrar soluciones a las diferencias entre las personas es extremadamente amplio. El conflicto —o las crisis— son parte del proceso evolutivo (visto desde el punto de vista natural) y están inmersos en la naturaleza y en la humanidad.

Las desavenencias entre las personas pueden surgir de situaciones fortuitas, accidentales, conductuales o volitivas, ya sea porque derivan de un suceso imprevisto, como consecuencia de algo inevitable y resultado de la casualidad, como consecuencia de una conducta inapropiada que, a su vez, es irresponsable, o por acciones determinadas que son generadas con el propósito de llegar a un fin. Independientemente de su causa, el resultado termina en un enfrentamiento cuyas consecuencias pueden tener un mayor o menor grado de complejidad.

Conforme la sociedad humana se ha desarrollado a través de la historia, la búsqueda de justicia ha sido una aspiración comunitaria. En las relaciones con nuestros semejantes nos enfrentamos día a día con diferentes reglas de conducta que regulan nuestras acciones y la forma de conducirnos frente a los demás.

Por fortuna, la mayor parte de esas reglas las empezamos a aprender desde niños y, paulatinamente, se convierten en parte de nuestra inconsciente forma de actuar. En la vida real, existen personas de alto nivel educativo que, justo por esa preparación académica o su propia capacidad intelectual, recurren a una actuación maliciosa que les permite llegar al éxito o instrumentar acciones que afectan los intereses de otras personas. Con estas conductas, la mayoría de los afectados no tienen otro recurso que acudir a los tribunales.

Para las empresas, son suficientes los temas de operación, producción, ventas, competencia, calidad de productos, acceso a recursos tecnológicos, recursos humanos capacitados, cumplimiento de sus obligaciones fiscales y, en general, una serie de retos y actividades diarias que deben atenderse para su adecuada operación, por lo que es importante no agregarle enfrentamientos entre sus accionistas, sobre todo cuando trascienden el funcionamiento de la actividad empresarial.

Lo cierto es que, cuando se presenta una controversia entre los socios, comúnmente se manifiesta en forma de estallido y afecta de forma inevitable a otros accionistas. Los alcances y consecuencias perniciosas de estos desencuentros son extremadamente difíciles de contener.

Como regla general, la mayor parte de los problemas entre las personas no surgen en forma espontánea, sino que son la sumatoria de una serie de eventos previos. Cuando esto sucede, brotan en la superficie episodios que fueron la fuente del deterioro de la relación. Estos se convierten en los motivos para buscar venganza o, simplemente, encontrar la forma de hacerle daño a quien ahora es su contrincante.

Reitero: los problemas primero son humanos, y después son legales.

Conforme
la sociedad humana
se ha desarrollado
a través de la historia,
la búsqueda de
justicia ha sido
una aspiración
comunitaria.

Vale la pena explicar que las leyes se dictan para regular actos voluntarios o prever consecuencias por acciones involuntarias derivadas de la vida en comunidad. Por lo que se refiere a los actos voluntarios, nuestras acciones cotidianas pueden o no tener consecuencias legales. De ahí que, cuando por causa de nuestra actuación generamos una consecuencia que afecta o beneficia a otras personas, debemos estar conscientes de los efectos que podemos causar. El punto fundamental es que primero actuamos y luego generamos consecuencias legales.

Debemos reconocer que aún está en ciernes introducir dentro de los estatutos de las sociedades la implementación de un capítulo que contenga alternativas de solución para el caso de controversias entre los accionistas. Estoy convencido de que es un tema que debe contemplarse por el beneficio de la sociedad y de los socios. El problema práctico es que, en una sociedad privada o familiar, el valor de la participación de un accionista minoritario no puede determinarse frente al mercado, pues cuando no se tiene poder de decisión y se está a merced de los accionistas mayoritarios, no hay forma de conseguir un interesado en ese paquete accionario y, desafortunadamente, nuestra legislación no tiene previsiones para atender en forma eficiente las inconformidades o una salida con reglas de equidad para quienes tienen una posición minoritaria.

En muchas ocasiones, hay accionistas minoritarios que manifiestan posturas inapropiadas y que acaban siendo tediosas para el resto de los socios. Es aquí cuando surgen inconformidades. Estas se derivan de alguna de las múltiples causas que hemos mencionado en el transcurso de estas reflexiones. El accionista inconforme no tiene otro recurso que convertirse en «una piedra en el zapato» para el resto de los socios.

Mi recomendación es insertar en los estatutos de las sociedades, en los convenios entre accionistas o en el protocolo familiar que tenga fuerza legal, las alternativas para solucionar controversias ingresando procedimientos prácticos que eviten, en lo posible, que los enfrentamientos entre los socios escalen a niveles de procesos judiciales, es decir que, gracias a la previsión de soluciones basadas en la equidad, resulte más provechoso un acuerdo que una costosa controversia legal.

CAPÍTULO 25

Mecanismos de salida

Este tema podría formar parte del capítulo anterior. Sin embargo, decidí separarlo puesto que contiene algunos elementos diferenciadores. En la mayor parte de los estatutos de las sociedades mercantiles privadas no se tiene previsto el procedimiento que debe seguirse para que un accionista pueda retirarse de una sociedad.

Un buen número de empresas que tienen cierta antigüedad han modificado sus estatutos para darles una duración indefinida. Aquí es donde tenemos que distinguir la subsistencia de la sociedad como entidad legal y la permanencia del accionista como tenedor de una parte de su patrimonio. Resulta evidente que los seres humanos no podemos permanecer indefinidamente como socios o accionistas en una sociedad, por la sencilla razón de nuestra limitación existencial.

La legislación no ha sido capaz de establecer, bajo normas de carácter general, cuáles deben ser las circunstancias y procedimientos bajo los cuales un socio se puede retirar —salvo el derecho de retiro en la parte variable del capital, lo cual es a valor contable—, sin ser

Los seres humanos
no podemos
permanecer
indefinidamente
como socios
o accionistas
en una sociedad.

necesario que exista un motivo en especial. Desde luego, no nos referimos a las empresas públicas listadas en la Bolsa de Valores, puesto que sus acciones están siempre sujetas a ser comercializadas por las reglas de la oferta y la demanda.

En la mayoría de las sociedades privadas, la regulación relativa a los mecanismos de salida de los accionistas simplemente no existe. Son contados los casos en los que, en los últimos años, se ha desarrollado —lentamente y por recomendación de quienes hemos sido testigos directos y conocido desde el interior múltiples conflictos entre socios— la inclusión, en los estatutos de las sociedades privadas, el que los accionistas puedan retirarse de acuerdo con una reglamentación. Con esta previsión se permite el pago de un precio, con una fórmula previamente acordada, para determinar el valor de la participación de aquel que se retire.

Es importante aclarar que no nos estamos refiriendo al derecho del tanto o de preferencia que se concede a los accionistas cuando alguno de ellos desea vender sus acciones. La normatividad prevista a la que nos referimos está enfocada, sobre todo, a dar oportunidad a todos los accionistas de adquirir proporcionalmente el valor de la parte del socio que se retira y así conservar un porcentaje proporcional similar dentro de la sociedad.

Este derecho de preferencia solo funciona cuando, efectivamente, hay algún socio interesado en la participación de otro. Sin embargo, como se dijo, si no existe interés de los demás accionistas en una participación minoritaria de una sociedad privada, es prácticamente imposible encontrar un interesado fuera de la sociedad.

Como lo señalé, cada vez es más frecuente que los socios acuerden pactar mecanismos de salida. En la realidad, no existe una propuesta estandarizada para fijar las reglas, pero podemos mencionar algunas características de contenido:

a. Establecer la posibilidad de una salida anticipada de un socio.
b. Prever la compra por los demás accionistas, por la sociedad cuando así se permita, o la reducción de capital.

c. Establecer la fórmula bajo la cual se valuará, conforme a reglas aprobadas, la participación del socio que desee retirarse, ya sea en partes sociales o en acciones.
d. Señalar las condiciones preexistentes en la situación económica de la sociedad para ejercer el derecho de retiro.
e. Cuando sea el caso, acordar la periodicidad con la que se pueda realizar un retiro.
f. Ajustar las previsiones para ejercer este derecho según las características propias de cada composición accionaria, es decir, cuando hay paquetes por familias.

En el ejercicio al derecho del retiro pactado en el contrato de sociedad hay muchas variables puesto que, frecuentemente, existen acuerdos para conservar paquetes societarios por familias o grupos como primera opción, pero sea cual sea la forma en que se resuelva la posibilidad de que un socio se retire de la sociedad será, sin lugar a dudas, la solución para evitar una confrontación.

Con mucha frecuencia, los reclamos y las posturas de algunos socios minoritarios surgen o se agravan porque el resto de los accionistas no están dispuestos a pagar el valor correcto de su participación en la sociedad. El concepto de «valor correcto» no es el mismo para la parte compradora y para la parte vendedora cuando no hay reglas. Por ello, debe ser predeterminado y consensuado de forma objetiva e imparcial antes de que alguno de los socios esté pensando en vender.

Prever estatutariamente que los socios no prevalecerán durante la subsistencia de una sociedad privada y que su necesidad de retiro puede ser con o sin causa, es ya una exigencia y un extraordinario mecanismo para prever conflictos.

CAPÍTULO 26

Prácticas societarias sanas y protección de derechos minoritarios

Debo iniciar esta reflexión haciendo un reconocimiento al Consejo Coordinador Empresarial de México, organismo que desde 1999 ha desarrollado un cuerpo normativo que actualmente se denomina «Código de Principios y Mejores Prácticas de Gobierno Corporativo». También a organismos internacionales como la Organización para la Cooperación y el Desarrollo Económico, por establecer, entre los países miembros, las «Normas Relativas a Principios y Mejores Prácticas de Gobierno».

Cabe destacar que este esfuerzo es una clara manifestación de la preocupación que tiene el empresariado para lograr que sus agremiados cumplan las recomendaciones y que, gracias al esfuerzo multidisciplinario de sus miembros especializados, lo han desarrollado con una clara visión del deber ser en la conducción de las empresas. En otro orden de ideas, en los últimos veinte años también se han incluido diversas disposiciones en la Ley de Sociedades Mercantiles y la Ley del Mercado de Valores que permiten constituir nuevos tipos de sociedades, la inclusión de consejeros independientes y comités dentro de las sociedades públicas, así como la posibilidad de establecer regulaciones específicas para prever potenciales fuentes de conflicto tales como las presentadas en estas reflexiones. Adicionalmente, se han reducido los porcentajes de tenencia accionaria para ejercer ciertos derechos de minoría.

Sin embargo, todo ese esfuerzo, hoy en día, no ha sido suficiente para detener y sancionar conductas contrarias a las sanas prácticas corporativas, de tal forma que sea sencillo y exigible el respeto y trato igualitario a los accionistas.

Con lo mencionado no pretendo, de forma alguna, privar a las mayorías de la toma de decisiones trascendentales en las empresas. Por el contrario, debemos entender que los acuerdos entre socios son y deben ser asumidas por mayorías simples o calificadas, según sea el caso.

En los países desarrollados, la legislación exige el trato igualitario entre los accionistas, entendiéndose como tal, principalmente, el derecho a acceder a la información de las sociedades y a que la administración, el responsable de la operación, así como el consejo de administración, cumplan a cabalidad con las responsabilidades fiduciarias que se les han asignado.

En México, el derecho de retiro por ciertas circunstancias previstas en la ley puede ejercerse siguiendo reglas obsoletas para el pago del capital aportado, es decir, a valor contable. Sabemos que, hoy en día, el criterio de valuación de las empresas se basa en mecanismos financieros que toman en consideración factores como ventas, utilidad de operación, valor contable y activos intangibles, entre otros factores.

El peso de las organizaciones empresariales es fundamental para promover los cambios legislativos que propongan los principales interesados en esta materia.

Considero que los organismos empresariales están en un buen momento para hacer un esfuerzo y promover la modernización de la Ley de Sociedades Mercantiles. Esto con el fin de integrar las sanas prácticas recomendadas en el campo del derecho positivo y, sobre todo, proteger los derechos de todos los accionistas en lo individual y así poder exigir las reglas apropiadas para el buen gobierno de la empresa y, en su caso, tener el derecho a retirarse percibiendo un valor apegado a la realidad e incluso, por qué no, establecer sanciones más severas para los administradores que no cumplan apropiadamente con sus responsabilidades frente a los accionistas.

Siempre es un buen momento para realizar estudios de Derecho Comparado y aprovechar las disposiciones contenidas en países más desarrollados industrialmente, para que una legislación moderna y vanguardista en materia de sociedades mercantiles haga más atractiva la inversión de capitales multinacionales en nuestro país.

En este proyecto, el peso de las organizaciones empresariales es fundamental para promover los cambios legislativos que propongan los principales interesados en esta materia.

CAPÍTULO 27

Cuentas claras, sociedades largas

Como lo expresé al inicio de estas reflexiones, el propósito ha sido invitar al lector a sensibilizarse sobre el tema de los conflictos en las sociedades. Estoy convencido de que, en materia de sociedades mercantiles y civiles, las relaciones deben evolucionar y contener las bases para garantizar un trato justo y equilibrado entre sus miembros.

Afortunadamente, por tratarse de una rama del Derecho Privado y conforme a la Ley de Sociedades Mercantiles vigente, los mismos socios pueden incluir disposiciones autorregulatorias dentro de los estatutos de su sociedad para adaptarlos a sus propias necesidades o a la visión de la empresa. Esta posibilidad suple, aunque sea de modo parcial, la ausencia de una legislación moderna en la materia.

En conclusión, es una necesidad racionalizar, desde que establecemos las reglas bajo las cuales conviviremos en una sociedad, no solo las disposiciones teóricas que establezcan obligaciones de hacer o de no hacer, sino incorporar derechos y deberes cuyo cumplimiento, a la postre, será efectivamente garantizado. Debemos llevar esas

Las relaciones
deben evolucionar
y contener las bases
para garantizar
un trato justo y
equilibrado entre sus
miembros.

reglas a que sean las directrices bajo las cuales en la práctica cumplamos, por convicción u obligación, las normas y valores de una sana convivencia empresarial.

Someternos al escrutinio de los demás y rendir cuentas de nuestra actuación con una metodología apropiada, debe entenderse como el cumplimiento de las obligaciones inherentes a las responsabilidades que aceptamos. La cultura de la transparencia y de rendición de cuentas nos otorga el beneficio de tratar a los demás de frente y con la verdad en nuestras manos. Con esto en mente, llegamos a algunas reflexiones finales.

Por costumbre, confundimos el otorgamiento de un poder con el otorgamiento de un mandato. Esta diferencia semántica nos hace pensar que, cuando nos otorgan un poder, esto nos da cierta libertad en nuestra actuación; sin embargo, cuando una tercera persona, incluyendo una sociedad, nos otorga un mandato, al aceptarlo asumimos dos responsabilidades básicas: la primera es actuar con diligencia dentro de las facultades que se nos otorgan, y la segunda es rendir cuentas sobre los actos realizados a nombre de nuestro mandante. Además, debemos agregar que, cuando se nos otorga un mandato, adquirimos una responsabilidad fiduciaria que no es otra cosa que un acto de confianza en el que, quien recibe la encomienda, deberá actuar como lo haría un buen padre de familia y, en ese sentido, la confianza que se otorga a quien lidera una empresa debe ser correspondida con resultados positivos y cuentas claras.

De principio a fin, la actividad de las empresas gira en torno a la persona humana. Un líder es «la persona que dirige y orienta a un grupo, el cual reconoce su autoridad» y «persona, equipo o empresa situados a la cabeza de una clasificación». También se define al tirano como aquel «que abusa de su poder, superioridad o fuerza, en cualquier concepto o materia, y también simplemente del que impone ese poder y superioridad, en grado extraordinario».

De las dos definiciones citadas podemos deducir que tanto el líder como el tirano pueden aparecer en una sociedad mercantil, civil o no lucrativa. Desde mi punto de vista, el gran elemento diferenciador entre un líder y un tirano es que el primero surge del reconocimiento de los demás, por el mérito que tiene para guiar a un grupo o a una multitud de personas, y el segundo llega a su posición con elementos exógenos que le permiten imponer su voluntad sobre los demás.

El sentido común, el trato amable y educado, la toma de decisiones con afán de justicia, el respeto a sus semejantes y la cualidad de saber trabajar en equipo son algunas de las características más importantes en el ejercicio del liderazgo. El líder consigue resultados convenciendo y no venciendo. Cuando se ve obligado a ejercer la autoridad que se le ha reconocido, lo hace con pleno conocimiento de causa y, principalmente, tomando en cuenta intereses superiores y no los personales.

Para lograr relaciones interpersonales de largo plazo, es imperativo estar atento al entorno y a las necesidades de los demás. Conviviendo en una sociedad mercantil o civil, es necesario situarse en la posición de las otras personas para entender las razones por las cuales se tienen determinadas pretensiones. Desde luego, habrá ocasiones en que un líder enfrente posturas irracionales y carentes de sustento e, incluso, de sentido. Por fortuna, estas ocasiones son las menos y, cuando sea necesario, habrá que tomar medidas con la autoridad delegada para resolver o acudir a mecanismos previstos en los estatutos de la sociedad.

En cualquier situación, es importante que quien detente la posición de liderazgo no sea quien dé origen a los conflictos. En el ámbito de las sociedades, que es el que ahora nos ocupa, debemos aplicar nuestros valores y las reglas acordadas para que, sin necesidad de hacer uso de nuestras posiciones como accionistas, conservemos la confianza y el reconocimiento de nuestros socios.

En el transcurso de esta narrativa hemos partido de la comprensión del concepto de sociedad, las razones para estar en ella y los diferentes aspectos que conviene considerar para reducir confrontaciones y relaciones nocivas dentro de una empresa, tomando al accionista como eje principal.

Percibo al empresario como un líder nato, generador de bienestar y riqueza, no solo para sus accionistas sino también para su país, la hacienda pública, sus empleados y trabajadores, sus proveedores, sus clientes y la sociedad en general, de forma directa o indirecta.

Quienes giran en torno a una empresa esperan que su dirección sea siempre la correcta, para que se conserve una fuente de empleo y sostenimiento para muchas familias.

Una sociedad mercantil exitosa no solo busca la excelencia como concepto en sus productos y servicios, sino el espacio para ser un lugar de trabajo armónico. Este ideal no puede excluir a sus accionistas y consejeros porque es a ellos a quienes corresponde permear el ambiente de cordialidad, trabajo y respeto.

El socio responsable actuará siempre para minimizar las causas que provoquen distanciamientos, atenderá oportunamente posibles fuentes de conflicto y fomentará las buenas relaciones con un trato asertivo que será a su vez cordial y respetuoso. Con esta actitud, se logra la permanencia armónica en una sociedad.

Y una reflexión final para quienes hayan encontrado en esta lectura algún o algunos planteamientos que coinciden con su situación actual: espero les sean útiles para tomar con tiempo medidas y resolver en vida lo que seguramente provocará un problema en su ausencia.

Por lo general, dejamos para después algunos temas patrimoniales de trascendencia para nuestros herederos, porque no nos gusta pensar en la muerte o creemos que tenemos tiempo de sobra para dejar nuestros bienes y propiedades en orden.

El tiempo pasa inexorablemente; he visto cómo personajes con patrimonios importantes tratan de poner en orden sus cosas cuando ya no hay oportunidad de hacerlo.

Si hay un problema latente, debemos resolverlo en vida y no dejar a nuestros socios, a nuestra pareja o a nuestros hijos la carga de una confrontación por falta de prevención.

Un accionista que actúa hoy para evitar futuros problemas, cumple también con el deber de una persona responsable.

Salvador Benítez Lozano

Licenciado en Derecho por la Universidad Autónoma de Nuevo León, actualmente reside en Monterrey y ejerce como consultor legal. Con más de cincuenta años de experiencia profesional, en su exitosa trayectoria destaca el haber sido presidente del Colegio de Abogados de Nuevo León.

Se inició como litigante y ha sido director jurídico, secretario y consejero de diversas empresas e instituciones públicas y privadas, además de miembro de comités de auditoría.

Durante su trayectoria profesional, ha ayudado a solucionar conflictos relevantes entre accionistas, tanto en sociedades públicas como privadas, y ha participado en múltiples operaciones de fusiones y adquisiciones de empresas nacionales e internacionales. Dentro de su especialidad está el intervenir como facilitador o mediador en diferencias patrimoniales societarias, familiares o empresariales.

Con un enfoque humanista, su actividad profesional se basa en la búsqueda de las causas que originan las desavenencias para posteriormente instrumentar acuerdos que sean legalmente sustentables.

conflictos@sbenitez.mx
www.sbenitez.mx/conflictos

www.ingramcontent.com/pod-product-compliance
Lightning Source LLC
La Vergne TN
LVHW051016051026
849532LV00004BA/1239
* 9 7 8 9 6 8 9 7 2 1 0 1 7 *